世界哲學家叢書

康 有 爲

汪 榮 祖 著

1998

東 大 圖 書 公 司 印 行

國家圖書館出版品預行編目資料

康有為／汪榮祖著. -- 初版. -- 臺北
市：東大，民87
　　　面；　　公分. --(世界哲學家
叢書)
參考書目：面
含索引
ISBN 957-19-2203-X (精裝)
ISBN 957-19-2204-8 (平裝)

1. 康有為-學術思想-哲學

128.4　　　　　　　　　87001741

網際網路位址　http://www.sanmin.com.tw

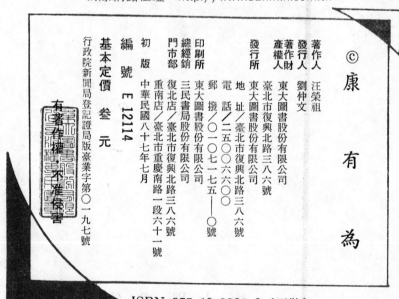

ⓒ 康有為

著作人　　汪榮祖
發行人　　劉仲文
產權人財　東大圖書股份有限公司
著作財
發行所　　東大圖書股份有限公司
　　　　　地址／臺北市復興北路三八六號
　　　　　電話／二五○○六六○○
　　　　　郵撥／○一○七一七五——○號
印刷所　　東大圖書股份有限公司
總經銷　　三民書局股份有限公司
門市部　　復北店／臺北市復興北路三八六號
　　　　　重南店／臺北市重慶南路一段六十一號
初版　　　中華民國八十七年七月
編號　　　E 12114
基本定價　叁　元
行政院新聞局登記證局版臺業字第○一九七號

ISBN 957-19-2204-8 (平裝)

懷念亡友

傅偉勳　教授

「世界哲學家叢書」總序

　　本叢書的出版計畫原先出於三民書局董事長劉振強先生多年來的構想，曾先向政通提出，並希望我們兩人共同負責主編工作。一九八四年二月底，偉勳應邀訪問香港中文大學哲學系，三月中旬順道來臺，即與政通拜訪劉先生，在三民書局二樓辦公室商談有關叢書出版的初步計畫。我們十分贊同劉先生的構想，認為此套叢書(預計百冊以上) 如能順利完成，當是學術文化出版事業的一大創舉與突破，也就當場答應劉先生的誠懇邀請，共同擔任叢書主編。兩人私下也為叢書的計畫討論多次，擬定了「撰稿細則」，以求各書可循的統一規格，尤其在內容上特別要求各書必須包括（1）原哲學思想家的生平；（2）時代背景與社會環境；（3）思想傳承與改造；（4）思想特徵及其獨創性；（5）歷史地位；（6）對後世的影響（包括歷代對他的評價），以及（7）思想的現代意義。

　　作為叢書主編，我們都了解到，以目前極有限的財源、人力與時間，要去完成多達三、四百冊的大規模而齊全的叢書，根本是不可能的事。光就人力一點來說，少數教授學者由於個人的某些困難（如筆債太多之類），不克參加；因此我們曾對較有餘力的簽約作者，暗示過繼續邀請他們多撰一兩本書的可能性。遺憾的是，此刻在政治上整個中國仍然處於「一分為二」的艱苦狀態，加上馬列教

條的種種限制，我們不可能邀請大陸學者參與撰寫工作。不過到目前為止，我們已經獲得八十位以上海內外的學者精英全力支持，包括臺灣、香港、新加坡、澳洲、美國、西德與加拿大七個地區；難得的是，更包括了日本與大韓民國好多位名流學者加入叢書作者的陣容，增加不少叢書的國際光彩。韓國的國際退溪學會也在定期月刊《退溪學界消息》鄭重推薦叢書兩次，我們藉此機會表示謝意。

　　原則上，本叢書應該包括古今中外所有著名的哲學思想家，但是除了財源問題之外也有人才不足的實際困難。就西方哲學來說，一大半作者的專長與興趣都集中在現代哲學部門，反映著我們在近代哲學的專門人才不太充足。再就東方哲學而言，印度哲學部門很難找到適當的專家與作者；至於貫穿整個亞洲思想文化的佛教部門，在中、韓兩國的佛教思想家方面雖有十位左右的作者參加，日本佛教與印度佛教方面卻仍近乎空白。人才與作者最多的是在儒家思想家這個部門，包括中、韓、日三國的儒學發展在內，最能令人滿意。總之，我們尋找叢書作者所遭遇到的這些困難，對於我們有一學術研究的重要啟示（或不如說是警號）：我們在印度思想、日本佛教以及西方哲學方面至今仍無高度的研究成果，我們必須早日設法彌補這些方面的人才缺失，以便提高我們的學術水平。相比之下，鄰邦日本一百多年來已造就了東西方哲學幾乎每一部門的專家學者，足資借鏡，有待我們迎頭趕上。

　　以儒、道、佛三家為主的中國哲學，可以說是傳統中國思想與文化的本有根基，有待我們經過一番批判的繼承與創造的發展，重新提高它在世界哲學應有的地位。為了解決此一時代課題，我們實有必要重新比較中國哲學與（包括西方與日、韓、印等東方國家在內的）外國哲學的優劣長短，從中設法開闢一條合乎未來中國所需

求的哲學理路。我們衷心盼望，本叢書將有助於讀者對此時代課題的深切關注與反思，且有助於中外哲學之間更進一步的交流與會通。

最後，我們應該強調，中國目前雖仍處於「一分為二」的政治局面，但是海峽兩岸的每一知識分子都應具有「文化中國」的共識共認，為了祖國傳統思想與文化的繼往開來承擔一分責任，這也是我們主編「世界哲學家叢書」的一大旨趣。

傅偉勳　韋政通

一九八六年五月四日

自 序

　　此書為傅偉勳和韋政通兩教授所主編的「世界哲學家叢書」而
寫。康有為是不是一個值得大書特書的哲學家，固然值得商榷，他
既不是專業的哲學家，也缺乏近代哲學家的嚴格訓練。但是他天生
具有充沛的哲學家情懷、悲天憫人不能自已。他又有高瞻遠矚的眼
光，不僅洞悉時代的危機，而且觸及人類的未來。他在西潮洶湧東
來的敏感時刻，既多立言，還想立功與立德。假如他不是一個完全
的哲學家，至少是一極為重要的思想家，鴻爪留痕，不能磨滅。他
的大同烏托邦理想亦應在近代哲學史上，佔有一席之地。事實上，
任何人欲尋覓十九、二十世紀的中國哲學家，康有為似乎是不可或
缺的人選。叢書編者既已收入章太炎，再選康有為亦是順理成章之
事。康、章原是清末民初一對對立的大思想家，相互輝映。

　　論述康有為的專書與論文已不勝枚舉，筆者亦曾略有撰述。不
過，叢書別具體例，取徑自異。本書先綜述其生平，以彰顯哲人的
出處，包括時代背景與社會環境，以及康氏對時代與環境的反應。
然後表出康氏的思想傳承及其於卅歲以前完成的思想雛型。終其一
生，思想雖仍有所變，然卒難脫雛型的藩籬，即一元思維，可略見
其思想之特徵。康氏思想最具獨創性者，莫過於改造公羊三世之說，
以建立其獨特的變法理論基礎，以及融合中西，自創大同烏托邦思

想。後者寄望於未來，前者則為解決眼前的危機。康氏雖富想像力，然因其所處之時代以及強烈救世之心，最關切者仍然是學以致用，一意求變法思想的實踐，致中國於富強之域。及變法失敗，流亡海外，力倡保皇，革命之後，仍主虛君，並參與民國六年復辟之役，論者輒以反動視之，而忽略了保皇以及建立孔教的意義。康最自豪的哲學成就無過於大同理想世界的建構，《大同書》完稿雖晚，但醞釀甚早，當代學者已迭有高見，唯大同哲學究係何種烏托邦？與現實政治關係為何？是否與近代民族主義矛盾？尚有詮釋的餘地。康氏晚年又大談天遊，其志趣何在，亦值得一究。

康有為的歷史地位除立言以外，戊戌變法之功亦不可滅。近人或有疑康盜戊戌變法之虛名者，或謂借變法之名以行革命之實者，皆捕風捉影之談，並不符檔案資料所顯示。變法固然失敗，否則康尚有立功之可言；然而中國革命數十年之後，又走改革開放之路。求改革、避革命原是康氏一貫的主張。他於民初目覩革命後之亂象，已有不幸而言中之歎；而今改革有成，國人更有幸而言中之喜。今日回顧康氏的影響，自應有與革命史觀不同的評價。其思想的現代意義，實乃新思想之先驅，而非舊思想的殿軍。

上述要點分十章述之，另附年表、書目與索引。筆者早年曾讀梁啟超筆錄之康有為詩，即美其人心胸之寬廣、愛國之熱腸，句若「神州萬里風泱泱，崑崙東南海為疆」，是何等懷抱！後有緣親炙泰和蕭公權先生，漸深入康氏學術思想。蕭氏英文巨著完成後，並譯之為中文，書名《康有為思想研究》，由臺北聯經出版，約略同時又撰成《康章合論》一書，原無寫作論康專著之想，若非偉勳兄之督促，恐不會下此決心；既有此心，又復蹉跎多年，書稿未成，而今傳兄遽歸道山，媿對亡友，乃自我限期完稿。今夏返臺，書稿相隨，

不敢輟筆，幸得卒業，並藉此一表懷念故人之情。

　　撰稿期間曾蒙北大周一良教授之鼓勵，於1991年之春，以家藏初版木刻本《新學偽經考》相贈，並題字扉頁曰：「此為距今百年前，康氏萬木草堂原刊本，頗足珍貴。榮祖教授治近代思想史，成績卓越，著述斐然，於康長素之學術，亦所致力，因攜以奉貽。」長者良願美意，無以為報，謹誌簡端。

汪榮祖
1997年12月25日於臺北

康有為

目　次

「世界哲學家叢書」總序

自　序

第一章　康有為及其時代 ……………………………1

第二章　思想雛型………………………………………17

第三章　一元思維………………………………………33

第四章　哲學詮釋與政治改革 ………………………41

第五章　思想之實踐 …………………………………63

第六章　保皇的意義 …………………………………91

第七章　孔教及其挫折 ……………………………107

第八章　大同烏托邦的建構 ·····················117

第九章　天遊的旨趣 ·····························137

第十章　中國近代史上的康有為 ···············147

康有為年表 ···································157

參考書目 ·····································173

索　引 ·······································183

第一章　康有為及其時代

　　中國傳統社會裡的士大夫，扮演了西洋中古僧侶和近代知識分子的角色，以領導群倫自命。北宋范仲淹的名言：「先天下之憂而憂，後天下之樂而樂」，最能表達引天下為己任的胸懷，以及讀書人所期望的崇高理想。這種胸懷與理想，雖人人心嚮往之，卻是常人難以達到的境界。因為欲引天下為己任，必須要有「雖千萬人吾往矣」的勇氣，冒天下大不韙的膽識。然而自宋明以來，理學末流的猖獗，明清制式教育的嚴酷，即使士人中的善類，不是成為循規蹈矩的「乖乖牌」，就成為口是心非的「鄉愿佬」。故當憂患之世，往往但求獨善其身，鮮能敷衽而起，冒險犯難，以救國救民自任。至於要能在思想上突破傳統，開創新境，更屬鳳毛麟角。就此而言，康有為以一介書生，鼓動風潮，激揚一世，聲名匹敵帝王將相，可稱異藪，洵不多見。

　　康有為於咸豐八年二月初五（1858年3月19日）出生，廣東南海銀塘鄉人氏。康門雖非望族❶，畢竟是書香門第，有豐富的家藏可讀。南海康家與眾不同的是出了一個康有為，此兒天生異稟，富有才情，十二歲即有神童之譽，亦因而養成他自信甚高，帶有霸氣的性格。這種性格的壞處是易於自負，往往陷入知識上的傲慢，理

---

❶　參閱蕭公權，《康有為思想研究》，頁3–15。

念上的教條；然而正由於這種性格，才賦予他強烈的使命感，以及下視眾人，非我其屬的氣概。這樣的信念才能引發道德勇氣，開創思想上的新境，促使政治上的維新，做出一番驚天動地的大事。不過，「英雄」須有其時代才能「創造」。康有為的時代已屬季世，明清體制的中華帝國在西力衝擊下，風雨飄搖，面臨崩潰的危機。他出生的那一天，太平軍引發的內亂已七載有餘，且方興未艾。他不到四歲，英法聯軍攻佔京師，焚毀圓明園。大動亂的時代，國破民敝，危機四伏，始能激勵仁人志士救國救民的抱負。康有為就在此一時代背景下，挺身而出，挑戰時俗，批判傳統，布衣上書，倡導變法，震動公卿。為了所執著的理念，雖百折而不撓。

康有為十一歲喪父，一直跟祖父生活和讀書。至十九歲才拜大儒朱次琦（九江，1807–1881）為師，從學凡三年。這是他一生知識生活中的一個關鍵時期，在良師益友的啟沃下，立下於三十歲前竟讀群籍的宏願，而且在苦讀之餘，忽感柳暗花明，胸中書卷「渙然融釋貫串」❷。這是把書讀通後的欣喜，更加增添了他與生俱來的自信，終能擺脫學術權威的羈絆，如蠶脫繭，成為自由飛蛾，頓感古人不過爾爾，學業有成並非天大難事，自己亦可能成為聖賢。有此覺悟之後，他才會力斥韓愈道術浮淺，這不過是他目空權威的知秋一葉罷了。他離開朱氏禮山草堂的主要原因，並不是因斥韓而得罪朱九江之故，實因他本人由於思想突然暢通而狂放不羈，再不願自限於象牙塔之中，自謂：「忽見天地萬物皆我一體，大放光明，自以為聖人，則欣喜而笑，忽思蒼生困苦，則悶然而哭」。當時二十歲左右的康有為，歌哭無常，旁若無人，彷彿已臻隨心所欲的境地。斯乃因精神上獲得解脫之後，空靈無礙，猶如「再生」。再生

---

❷ 見《康南海自編年譜（外二種）》，頁7。

之後，宛如脫胎換骨，認同聖人，悲天憫人，自然鄙視塵俗，連鑽故紙堆都覺有汩靈明，乃飄然離去❸。他終於在三年求學期間，發現了自我，雅不欲白首窮經，長守書齋矣。

康有為離開書齋，走向大自然，隱居於西樵山，日夜俯仰於泉岩洞瀑之間，縱觀滿山遍野的紅色杜鵑，披髮長嘯，如處無人之境。這個顛狂的青年，竟被偶然來遊西樵山的翰林張鼎華所賞識，兩人作長夜之談，訂下忘年之交。二十二歲的康有為初從張翰林口中得悉京師風氣，國朝掌故，遂將視野從南海一隅，開展到中原大地，政治抱負或於此生焉。祇是張鼎華早逝，否則康氏日後在北京的政治活動，或可多一得力助手❹。

康有為胸懷中國，然而當時的中國已在西潮猛烈衝擊之下，苟不知環球情事，便無從救國。在光緒五年(1879)的歲暮裡，他經過香港，親眼目擊了西方近代文明的一個輪廓。令他印象深刻的，不僅僅是凌雲樓閣和懵懂戰艦，而且是「西人治國有法度」。當時一般士大夫仍把外國人視為夷狄，而康氏薄遊英國人統治的香港之後，立即覺悟到，對西方國家「不得以古舊之夷狄視之」。自此他決心去探索西洋的奧秘，「漸收西學之書，為講西學之基矣」❺。光緒九年(1883)途經上海時，購買江南製造局譯印西書三千冊，並訂閱《萬國公報》。江南製造局到光緒八年為止，共銷譯書約一萬二千冊，康一人一次買三千餘冊，乃三十年間銷數的四分之一強，可見他對西學求知欲之強❻。西學亦因而成為他思想中不可或缺的要素。

---

❸　同上書，頁6-8。

❹　康張之交情，可見之於康詩中，若謂：「秋風每賦感知己，記得樵山花又紅」。閱《康南海先生遺著彙刊》，冊20，頁42。

❺　同❷，頁9-10。

1883那年，也是他初次暢遊祖國大地，跨越大江南北，黃河上下，其目的是赴順天鄉試，但因而得見京師宮闕的雄偉，名山勝蹟的誘人，自此他對中華大地產生了濃郁的感情，在他一生所寫大量詩作中，表現了強烈的山河之戀，如〈愛國短歌行〉， 一開頭就是「神州萬里風泱泱，崑崙東南海為疆」， 而且歌頌和仰慕這塊土地上人物、物產與文明；他屢遊香港，每有「傷心信美非吾土」的傷感；政變後，流亡海外，更有「停車逐客看殘月，絕域無歸堪斷腸」的強烈家國之思。周遊世界之後，仍覺「大陸我最大，願起神州魂」❼。此種情結自是愛國意識的豐富泉源，再由於帝國主義侵略日急，激發了救亡意識，認識到「三千年未有之變局」， 產生了近代民族主義，不僅僅認同朝廷，而且更以國家、人民、文化為念，以至於有保國、保種、保教的提法。康有為無疑是中國近代第一代的民族主義者。

他同時也親眼看到當時帝國的衰落，鎮市凋敝，民生多艱，復有憂時傷世，士為天下先之感。他發出改革的第一聲是不纏足，不僅不讓五歲的女兒纏足，而且首創不纏足會，並推廣到各大城市。纏足殘酷不人道，乃千年積習，除之不易，但是二十六歲的康有為卻敢冒整個社會的大不韙，向鄙俗惡習挑戰，走出中國婦女解放的第一步，已見此一年輕人之膽識不凡。他晚年也頗欣喜，能及身得見此一陋習的終於廢止❽。他也是最早提倡男女平權之人，可是他

---

❻ 參閱馬洪林，《康有為大傳》，頁40。

❼ 康有為詩收入《康南海先生遺著彙刊》， 引句見冊20，頁22、14–22、40、70、452；冊21，頁794。

❽ 同❷，頁11；光緒三十二年(1906)，康在一份布告中說：「吾自髫齡而惡女子之裹足，誓立會以解放之，今不纏足果大行於全國矣」， 見蔣

本人卻二度納妾。雖說言行不一，但在轉型社會裡的過渡人物，往往在提倡新事物時，身不由己擺不脫舊事物的羈絆。不過，婦女問題只是他眾多關心之一，甲申(1884)中法之戰，馬江慘敗，立即引發了他救國救民之心，可謂立志變法的啟端。

　　要變法，必須到政治中心去推動，然而康有為卻因病，只能前往西樵山養痾。直到光緒十四年(1888)的五月裡，他才赴京初次展開政治活動，開始以救國為己任，向潘祖蔭 (1830-1890)，翁同龢 (1830-1904)，徐桐(1819-1900)三巨公，陳救亡大計，並以布衣上皇帝萬言書（實際上僅五千餘字），　請求變法。按照專制體制的規矩，布衣是不能也不敢上書的，然而自信極強的康有為毫無心理上的障礙，亦無懼可能被扣上誘言亂政的罪名。可是他的上清帝第一書，雖有人代遞，卻未達天聽。此未必出其意料之外，他的「以變為主」的主張，畢竟已成信念而不可動搖；他在北京以二十幾天的時間，完成一部討論書法藝術的書裡，也強調「變者必勝，不變者必敗，而書亦其一端也」❾。他此次在北京一共住了一年又三個月，上書不達，考試落第，然而志氣未衰，可見之於《出都留別諸公》七律五章之一：

　　　　天龍作騎萬靈從，獨立飛來縹渺峰。
　　　　懷抱芳馨蘭一握，縱橫宙合霧千重。
　　　　眼中戰國成爭鹿，海內人才孰臥龍。
　　　　撫劍長號歸去也，千山風雨嘯青鋒。❿

　　貴麟，《萬木草堂遺稿外編續集》，頁52。

❾　見康有為，《廣藝舟雙楫》，頁15。

❿　見《康南海先生遺著彙刊》，冊20，頁159。

康有為借詩境之想像，自比騎著天龍的壯士，器宇昂軒，眾士相隨，獨立於仙山之上，展示出不凡的氣勢。詩人的行將遠行，則猶如駕飛龍，飄然而去，何其瀟灑。詩人志行的高潔，更如芳草馨蘭，憾對人間的烏煙瘴氣。無奈時局緊急，眼底列強虎視，逐鹿中原，危在眉睫，海內縱有諸葛孔明之長才，卻不得施展，唯有撫劍長嘯，浩然言歸。不過，青鋒寶劍已經出鞘，長鳴不已，激起千山風雨，以喻壯志雖尚未得酬，而雄心不已。

康氏謀求變法的企劃是先要說服皇帝，然後憑藉皇帝的權力，來雷厲風行，以奏速效。上書既不成，只好回家講學，於光緒十七年(1891)開絳帳於廣州長興里，舍名萬木草堂。講學並不一定是一種消沈的表示，實有積極的意圖。康門的大弟子梁啟超就說過：「欲任天下之事，開中國之新世界，其極於教育。」⓫倡導變法亦可從教育入手。再看萬木草堂的課程，雖仍以舊學為主，但已注入西學，講求學以致用，並包括音樂、舞蹈、體操，以及軍事訓練等項目，與當時一般學堂絕然異趣。這種不同時流的辦學方針，並未使年輕學子裹足，在短短幾年裡，學生從只有數十人增至百人以上。此又給康有為招徠了倡導變法的門徒，師生相聚一堂，日夜暢論，身在江湖，心懷天下，以愛國救亡為己任。草堂講學的政治企圖，在明眼人看來，原甚了然，如當時廣東人梁鼎芬 (1859–1919) 所作〈贈康長素布衣〉一詩有云：

牛女星文夜放光，樵山雲氣郁青蒼。

九流混混誰真派？萬木森森一草堂。

⓫ 梁啟超，《飲冰室合集》，冊6，頁62。

豈有疏才尊北海？空思三顧起南陽。

寒蘭攬苣夫君意，蕉萃行吟太自傷。 **⑫**

梁鼎芬有推重兼慰之意，殊不知後日布衣康南海果然受到光緒皇帝的尊重，雖未三顧，多少以南陽諸葛亮視之，並不是「空思」。

康有為以保國救亡為志，不屑科舉，討厭八股文，然而卻不斷應試，屢次名落孫山；開辦萬木草堂之後，雖提倡新學風，也終未能絕意試事。他將此一矛盾歸之於「諸父皆強之，母意屬望迫切」**⑬**。在當時的社會背景下，家庭的壓力是可想而知的；不過，以康氏個性之強，未必擔當不起此一壓力。他之不能就此「教授著書以終」，主要還是由於用世之心仍然強烈；為了用世，中舉仍是獲得社會地位和政治影響力的不二階梯；雖厭之，又何能忘情？遂於光緒十九年(1893)，以三十六歲之年，經過六試不售之後，中了舉人，名列第八。他為了過關，故意隱瞞其文體的真面目，以迎合考官李文田，不能不說犧牲一些原則；及中舉之後，又不惜挑戰傳統習俗，不拜座師，引起「時論大嘩，謗言宏起」**⑭**，又堅持了一些原則。這多少表露了康有為心中的「兩難」。

其實，謗言早已宏起，自《新學偽經考》刻版以來，即被視為驚世駭俗，致有人請倣孔子誅少正卯之例，要求降旨殺康，幸查辦此事的李滋然通曉經學，作了比較公正的評論，並曲意保全，以「飭其自行抽毀」了結**⑮**。康有為中舉之後，復於翌年春入京會試，試

---

⑫　梁鼎芬，《節庵先生遺詩六卷》，冊1，卷2，頁11a。

⑬　同**❷**，頁22。

⑭　同上。

⑮　事見蘇輿，《翼教叢編》，頁69–70。參閱**❻**，頁178–181。

題是「達巷黨人曰大哉孔子」，他的答案被認為「離經叛道」，「狂妄詭譎」而榜上無名，只好再南歸講學著書。正當他講學桂林，舟行山居之時，中日甲午之戰爆發，惡耗頻傳，康之心情見之於酬周黼卿的一首五律中：

> 兵甲滿天地，蒼生竟若何？
> 蹉跎夢金馬，感愴泣銅駝。
> 避地梁鴻去，憂時杜牧多。
> 只愁好春色，無處著煙蘿。**⑯**

　　盛世原當「金馬門外聚群賢，銅駝陌上集少年」，而今國家危急，唯有感愴蹉跎，夢泣朝中無人，嘆興衰有自。他的心情正如東漢的梁鴻，雖隱居山嶠，仍然胸懷天下，又似晚唐的杜牧，雖去國猶愛國憂民。春光固佳，卻無處著煙；蓋有心為國，苦懷才不遇。康子懷抱，實已呼之欲出。當他於光緒乙未(1895)二月自桂返粵時，北洋海軍已經覆沒，京師門戶洞開，貴人紛紛遷地避難。康再也按捺不住，親率弟子冒寒北上。當屈辱的馬關條約傳至京師，激發了在京士子的無比悲憤，如譚嗣同所謂：「四萬萬人齊下淚，天涯何處是神州！」**⑰**康有為成為愛國士子的領導人物，聯合十八省六百公車到都察院請遞上清帝書，呼籲拒和、遷都、練兵、變法，以表達愛國熱腸，曾轟動一時。這篇近兩萬字的公車上書，就是出自康有為的手筆。

　　各省公車們是因赴京應考而參加了這次政治運動，康有為也參

---

⑯ 同**⑩**，冊20，頁235。

⑰ 見《譚嗣同全集》，頁488。

加了會試，中進士第五名，殿試策和朝考卷分別是「變則通通則久論」與「汰冗兵疏」，正好大大發揮他的變法主張。但據康自謂，由於內容不合會試總裁徐桐 (1819–1900) 以及閱卷大臣李文田 (1834–1895) 之意，以筆誤降康卷至二甲第四十六名，顯然影響到他的仕途，僅授工部主事❽。康之失望見之於言行，不但說「非吏才，不能供奔走」，而且堅不就任。他的鴻鵠之志，怎能安於當一小官？他只有藉新得的科名，提高的身份，益趨危殆的時局，繼續上書變法。

他除了上書之外，同時開闢了別的管道，那就是辦報和開學會，來提倡變法。他先於 1895 年 8 月 17 日在北京發行他自己的《萬國公報》，至同年 12 月 16 日更名為《中外紀聞》，為木刻活字印刷的雙日刊，以媒體來宣揚理念，此後各地報刊如雨後春筍，風氣漸開。學會也是為了增加新知，集合群力來推動變法。他乘公車上書的浩大聲勢，鼓動京師士大夫與官僚，設立了強學會。康有為並不諱言這個帶有政治性質的學會，有詩曰：「山河已割國搶壤，憂國諸公欲自強；復社東林開大會，甘陵北部預飛章。」❾ 既比之復社東林，難免沒有政治上的反彈，保守派果以「植黨營私」之罪加之，迫使康有為於強學會成立之前離京。

康於同年 10 月中旬到南京後，曾獲署兩江總督張之洞 (1837–1909) 的支持，籌設上海強學會，以與京師相呼應，但最後由於康有為拒絕放棄孔子改制之說，與張之洞鬧翻而未果。康自謂：「孔子改制，大道也，豈為一兩江總督供養易之哉」❿，固然表達了書生

---

❽ 同❷，頁27。

❾ 同❿。

❿ 同❷，頁31。

風骨，畢竟付出「事不成」的代價，同時也顯示，康作為政治活動家，不夠靈活的一面。不過，即使上海強學會成立了，恐亦難維持，康氏清楚認識到，強學會處境的艱難，如謂即使沒有「楊崇伊之劾，亦必散矣」❹。然而學會的風氣既開，各地效尤，此起彼落，再難以阻擋。

康於光緒丙申(1896)再度南歸。強學會之曇花一現，並未使他沮喪，繼續從事講學、辦報、開學堂等活動，並旅遊桂粵，接交志士，促使移風易俗，因而聲名大噪。翌年歲暮，德國強佔膠州灣，引發了被列強瓜分的危機感，外交成為全國注意的焦點。康有為遂召開保國會，慷慨激昂，並提出聯合英日，開放沿海口岸，雖說不脫以夷制夷的框架，畢竟是一明確的對外方針，朝中權貴雖不敢用，卻不得不佩服他的氣魄。約當此時，他受到翁同龢 (1830-1904) 的賞識，而後有戊戌(1898)年正月初三，王大臣約見之事。此次談話內容，康曾詳細記錄下來❷，近人亦多引述。最值得注意的，除了充分表達變法思想之外，就是初得進士的康有為面對朝廷大官，毫無懼色，侃侃而談。榮祿說：「祖宗之法不能變」，但康卻毫不留情面地駁回去：「今祖宗之地不能守，何有於祖宗之法乎?」李鴻章欲以大言難之曰：「然則六部盡撤乎?」康竟然斷言：「誠宜盡撤。」這種舌戰群儒的氣勢，快則快矣，卻難免不與持重者激進魯莽的印象。大臣約見原是皇上召見的前奏，但光緒遲遲到同年的四月二十八日才招康至頤和園召對。就在召對的那天，翁同龢被逐。康一直以為慈禧趕走翁師傅❸，竟不知連最初賞識他的人，也因他顯得過於激

---

❹ 同上。

❷ 同❷，頁36–37。

❸ 同❷，頁41。

進而思阻攔召對，以至於被急想變法的光緒皇帝逐退❷。康本人覺察到保守派榮祿和剛毅等極力在皇上面前阻撓，「以微差抑之」❷，當然不在話下。

康有為言行在當時所造成的激進印象，顯然使光緒皇帝於破例召見之後，無法授與高位的主要原因。一方面保守的官僚體制，難以破格任用，另一方面反康的權臣大有人在，且有慈禧護持，形成強大的壓力。然而康在戊戌百日維新中官位不大，並不表示影響不大。在變法積極展開的那幾個月中，譚嗣同、楊銳、劉光第、林旭四章京的重要性，遠遠超過軍機大臣。所謂官小不一定差事小，原是在舊體制未改之前的權宜辦法。康有為在戊戌變法期間，最大的貢獻乃是提供大量的思想資源，扮演了「軍師」的角色。他於百日維新之前已完成變法理論三部曲，即《新學偽經考》、《孔子改制考》、《春秋董氏學》，以及七次上書光緒皇帝。他在自定年譜中所說日夜作文編書，並代人寫奏摺，「日無暇晷」❷多可由檔案資料證實，總計他於一百多天中，提供了七十餘件奏摺或資料。康之另一重要性是，為了排除保守派的阻撓，曾計劃圍頤和園殺榮祿的陰謀，結果因袁世凱告密反而加速變法的失敗，此也可由文獻證實❷。政變發生之後，與康志同道合的六君子遇難，光緒遭幽禁，康本人幸而脫險，不止九死一生，自稱十一死一生。慈禧顯然也以康為罪魁禍首，以至於要「懸金五十萬兩」購康之頭❷。近人翻案，斷言康

---

❷　此點將於本書第五章中以檔案資料論證之。

❷　同❷，頁44。

❷　同❷，頁53。

❷　同❷。

❷　同❷，頁67、72。

梁師弟並非戊戌變法要角，其聲名乃政變後宣傳所致❷⁹，自不足採信。

　　戊戌政變之後，康有為成為著名的海外政治流亡人物，組織了號稱百萬之眾的保皇會，顧名思義是要保護光緒皇帝，矛頭指向慈禧、榮祿、剛毅等掌權派。就後者而言，康黨與孫中山的革命黨有共同的敵人；清政府亦以康、孫同為亂黨而通緝之。時人以及後人多以兩者未能合流為憾。其實，兩人思想與政治理念南轅北轍，全不相契。孫認為非推翻滿清無以救中國，而康則認為革命適足以亡中國，他所期盼的是消滅舊黨，光緒復位掌權，推動維新，可致富強。

　　庚子義和團之變，八國聯軍侵華，給康有為提供發難的機會。他自出亡以來一直想藉外力來復光緒之位，總是落空，至此外國軍隊開進北京，仍無法使光緒復其實權之外，他特別寄厚望的英國人，根本不熱心，所謂「秦廷空痛哭」而已；他的門人唐才常(1867–1900)在兩湖起義勤王，亦遭張之洞的鎮壓而敗亡。康氣憤之餘，在新加坡時給張寫了一封五千字左右的責難函，其中有：「嗚呼張生，始為名臣，終為逆賊，行義既餒，喪心病狂，日暮途窮，騎虎難下，乃竟倒行逆施，日以殺戮帝黨為事」❸⁰，寫得虎虎有生氣，令人想起徐敬業討武則天的檄文。康的確以女主禍國，作為抨擊慈禧的政治訴求，如給劉坤一的信函中說：「女禍之烈，自古所痛」，因而要劉討女禍，為「社稷之勛，日月之烈」❸¹。然而張、劉兩總督雖於庚子事變時一度宣稱江南自保，仍然效忠慈禧，致使康統戰無效。

❷⁹　Kwong, *A Mosaic of the Hundred Days*.

❸⁰　引自❷，頁80。

❸¹　同❷，頁83。

最後他在兩廣發動的勤王也慘遭失敗，只落得「盈盈老淚橫」也。

　　康有為流亡海外，雖時遭刺客的威脅，仍得遊歷世界，訪問三十餘國，印象深刻，撰有遊記問世。他的遊歷並不僅是遊山玩水，仍有爭取外援以遂其政治目的的意圖。暇時著書立說，亦為了用世之故。他更以光緒春秋仍富，相信必有復出的希望，故當1908年突聞光緒噩耗，「悲病萬分」，立即自海外上書攝政王（光緒的弟弟），請誅袁世凱，並發布討袁檄文。他顯然認為袁有弒君的嫌疑。攝政王載灃令袁開缺回籍，頗使康興奮了一陣子，但是黨禁並未得開；換言之，袁雖去而康不得平反，立憲雖起，然而一直倡導君主立憲的康有為，仍然被拒之國門之外，無法一展他的政治抱負。不出三年，又發生了辛亥革命。他始終反對革命，因不僅有違自己的政治信念，而且在列強環伺的現狀下，可以招亡，故於武昌起義後，曾派人赴京呼籲，希望清廷採取非常措施，以挽危局，又作救亡之論十篇。如何救亡呢？當共和已不可阻擋的情況下，只有以虛君共和來補救❷。

　　虛君共和的構想，顯然是基於以虛君為統一的象徵，以免因爭奪最高權威而造成戰亂和分裂。要有此作用，虛君當然必須是有德或有位之人；以康視之，舉國唯有宣統皇帝溥儀和孔子後裔衍聖公二人可當之❸。故當袁世凱(1859–1916)於民國五年(1916)欲帝制自為時，自然完全不符合康之要求，更何況袁乃出賣維新，殘害故主的亂臣賊子，討之不及，遑論擁戴？以致康在反袁上，與革命黨有一致之處，不過康之目的並不是真正要恢復民國，而是要為虛君共和鋪路。此外，他還寫了一封長信給袁，稱之為「慰亭總統老弟」，

❷　同❷，頁142、151。

❸　參閱《康有為政論集》，冊2，頁691。

痛快地把洪憲皇帝消遣了一頓❸。袁氏禍國，更使他相信共和可以
招亂，故而翌年張勳擁溥儀復辟，康有為便是積極參與者之一。這
一年正值他的花甲之年，與一批滿清遺老冒暑北上，此乃他自戊戌
之後首次返京。但是不久段祺瑞馬廠誓師，復辟迅即失敗，康也遭
通緝，躲在美國使館內，直到年底才脫險南旋。值得特別指出的是，
康雖是此次復辟的要角，建議幾全未被採納，他的君憲以及虛君共
和思想，更不能為擁戴的軍閥們所理解。不過，即使康的建議被採
納，復辟也難以成功，因清廷已於辛亥前失去了君憲的機會，第二
次機會談何容易。然而民國六年(1917)的復辟，並非真正是康想落
實君憲的最後一搏；五、六年之後，他與地方勢力協商之餘，計劃
再度擁立溥儀，實施君憲，仍無結果。此後，他雖漸漸淡出所處的
時代，然並未成為神州袖手人，仍然十分關心時局，也並未放棄他
一貫的政治信念和主張，堅持不論何種政體，憲法斷不可少❸。

　　康有為晚年的政治態度的確可歸納為「反對外國侵略之情未
泯，復辟之心不死，尊孔之志猶存，反對革命、赤化之意益堅」❸。
不過，他在政治上已無可作為，他的興趣更傾向於書畫、古董、講
學等文人雅興，享受築於滬杭的花園別墅，時而遨遊祖國大地，觀
覽湖光山色，名勝古蹟，還為蘇州的寒山寺寫了詩碑。至於他晚年
的事業，除了天遊書院之外，尚有述農公司。這個公司早於民國八
年(1919)就已創立於江蘇金壇，但成效一直不佳，終於解散❸。民
國十六年二月初五（1927年3月8日）是他七十大壽，十天之後就離

---

❸　函見❷，頁171–179。

❸　參閱❶，頁235–239、240–242。

❸　林克光，《革新派巨人康有為》，頁482。

❸　同上，頁520–526。

開上海，前往青島，顯然為了避北伐之鋒。不料就在這個月底，看起來仍然健康的康有為，吃了一頓酒席之後，腹痛而亡。康有為之死結束了他多彩多姿的一生，也象徵一個時代的結束，一個更為激進的革命時代正在展開之中。

綜觀康有為的一生，自少就有用世之心，三十歲以後痛馬江之敗，呼籲變法，四十過後，參與戊戌變法，成為政海中驚心動魄一幕中的一個要角。政變之後，流亡海外，積極推動保皇，策劃唐才常起義。民國以後，以六十高齡又身與復辟。復辟一幕雖落幕得倉皇，康並未完全放棄政治活動，直到猝死。康是一「政治動物」，乃無可爭辯之事實；而其所異於一般「政治動物」者，因其尚有學術，有思想，有遠見。其學術、思想和遠見實為其政治抱負與理想所用，尤見之於孔子改制之說以及對大同理想的期盼，亦嘉道以來經世致用之微意也。康若有政治活動而無學術思想，無非是二、三流的政客；康若有學術思想而無政治活動，最多略勝廖平之徒而已。然而近人卻著書立說，否認康之學術思想乃其政治改革的理論基礎，謂康不是一個愛國的近代民族主義者，他的政治興趣是次要的，他的思想趨向是對世界與生命的解釋，他所關懷與追求的是宗教的、道德的，和精神的使命[38]。這種別立的新解，只能說是一偏之見，無法落實於康有為一生的思想與行動之中。

---

[38]　Chang, *Chinese Intellectuals in Crisis*, pp. 64–65.

第二章　思想雛型

　　康有為雖非書齋中的哲學家，然而他有寬闊的哲學家胸襟，以及敏銳的思辨才情。他最關切的問題與思慮是治國和化民。英哲柏林(Isaiah Berlin)有言：「思想不會從真空中誕生、也不會不孕而育」(Ideas are not born in vacuum nor by a process of parthenogenesis)❶。孕育康氏思想的晚清環境，非僅不是「真空」，而且充滿危機與震撼。當時的中國已遭遇到空前的外患，列強威脅，四夷環伺，確實是「三千年未有之變局」，何況又經歷了人類歷史上最殘酷的內戰，太平天國之亂使神州精華區域受到嚴重傷害與破壞，長達十五年之久。在外患與內亂激盪下，導致政治不穩、社會動盪、民不聊生，以及整個文化失序和凋敝。深思而又敏感的康有為，勢必要面對這些危機與震撼的挑戰，考慮因應之道。

　　光緒辛卯(1891)年，康有為寫信給沈曾植（子培，1850-1922），自道學術次第：

> 僕受質甚熱，得癡黠之半。十一齡知屬文，讀《會典》《通鑑》《明史》。十五後涉說部兵家書，於時瞢不知學，而時有奇特之想。將近冠年，從九江朱先生遊，乃知學術之大，於

---

❶　Berlin, *Vico and Herder: Two Studies in the History of Idea*, p. xv.

是約己肆學，始研經窮史，及為駢散文詞，博採縱涉，漁獵
不休，如是者六七年。廿四、五乃翻然於記誦之學，近於謏
聞，乃棄小學、考據、詩詞、駢體不為。於是內返之躬行心
得，外求之經緯世務，研辨宋元以來諸儒義理之說，及古今
掌故之得失，以及外夷政事學術之異，樂律、天文、算術之
瑣，深思造化之故，而悟天地人物生生之理，及治教之宜，
陰闔陽闢，變化錯綜，獨立遠遊，至乙酉之年而學大定，不
復有進矣。❷

　　乙酉之年為西元1885年，時康僅廿八歲，而學已大定。據康門
鉅子梁啟超所記，則乃師常言：「吾學三十歲已成，此後不復有進，
亦不必求進。」❸無論年方廿八或三十，都顯得過於早熟，不免有自
豪甚至自吹之嫌。事實上康氏不可能於卅歲之後，束書不觀，學問
毫無長進。他的改制變法之說，既成熟於卅之後；他的《大同書》
更遲至廿世紀初年始完稿，早已逾不惑之年。但是若將「不復有進」，
作最狹義的詮釋，則有其實情在。康子思想的胚胎確結於卅歲之前，
重要學說如變法改制和大同之旨，均已定下雛型。所謂「不復有進」，
便可解作此後思想上的發展，乃由雛型逐步成長與完成，不再有幡
然改轍的飛躍進步。

　　康有為早年的作品，仍然留存的，主要有三種，即《實理公法
全書》、《康子內外篇》，以及《教學通議》，當然是窺測其早年思想
形成的依據。此三書均係其生前未刊的手稿，甚至是未完成的草稿，
敘論未必周到清晰，故須通體細玩，更加審慎理解。統而言之，康

❷　康有為，〈與沈刑部子培書〉，《萬木草堂遺稿》，頁264–265。

❸　梁啟超，《清代學術概論》，收入《梁啟超論清學史兩種》，頁73。

子於力主今文改制之前，其思想不屬任何宗派。他博覽群籍，除經書之外，諸子百家、佛道以及西書，莫不涉獵。既涉獵，多少有影響。是以歸其早期思想於漢、宋、今、古，或兼融漢宋，都不免一偏之談。即使他在朱九江的禮山草堂讀書，深受啟發，然觀其下視韓文公，可知並不受朱氏粵學的牢籠。錢賓四認為康氏「萬木草堂之規模，襲取之於禮山，其事甚顯」❹，其實貌同心異，兩者的內容與目的，都有本質上的差異。

　　然而康子而立之前的思想，雖不能作非朱即陸式的論斷，但思想雛型隱約已定，體系未成而面目略備。康有為與西學的關係，論者已多，一般認為他所知有限，不過是一種激盪或刺激，甚至認為「西方科學對他思想的影響，大都浮淺而無實」(the influence of western sciences on his thinking was largely superficial rather than substantial)❺。其實不然。《實理公法全書》，以幾何公理為人文立法，可知西方科學對他的影響，實在頗為深刻。康氏西學的資源，幾全部來自江南製造局出版的譯本。這批書除了宗教與史地外，極大部分屬於數理工程等自然科學書籍，在康之心目中，無疑是西學的精華，遂不加深思，誤以為實證科學之知，可以解答抽象的哲學問題。不過康子的誤會，並不特殊。十七世紀科學革命，數學方法的成功，亦給西歐哲學家留下深刻的烙印，笛卡兒(René Descartes, 1596–1650)、史賓諾莎(Baruch de Spinoza, 1632–1677)、萊布尼茲(Gottfried W. Leibniz, 1646–1716)、霍布士(Thomas Hobbes, 1588–1679)，無不賦予其論證某種數學結構，認為自然科學的成果，可以運用到政治、倫理、玄學、神學等領域，一切人文現象也都有公理

❹　錢穆，《中國近三百年學術史》，下冊，頁640。

❺　Chang, *Chinese Intellectuals in Crisis*, p. 32.

法則。英國經驗論哲學家 (empiricist philosophers) 更將心靈的組成部分，比作牛頓所說物理界的粒子，不惜把哲學機械化。啟蒙時代的法國哲學家也多具科學的想像，如狄德羅 (Denis Diderot, 1713–1784)，把社會生活比作一個大工廠的實驗場。一直要到康德 (Immanuel Kant, 1724–1804)，才結束欲將哲學變成科學的野心❻。康有為對這些西方哲學家顯然都不熟悉，他只是接觸到西方的自然科學，憑其靈敏和捷思，驚羨彼邦科學思維的嚴密，異代不約而同地認為數學乃最完備的知識。十九世紀的康有為用幾何公理論斷人類平等、人倫關係、禮儀刑罰、教事治事等等，❼無意間與十七、八世紀英、法哲學家貌異心同，在科學衝擊下，同具「知識論上的偏見」(epistemological bias)，可以說是比較思想史上一個頗為有趣的例子。

康有為以科學原則為實理公法，並將其應用到人事，詮釋人文思想，對其思想發展與趨向，有決定性的影響。其一，康氏「知識論上的偏見」導致文化一元論的觀點，即認為歷史文化的發展，像自然界一樣有規律，同是天地間公共之理（即康所謂人類公理），而且超越種姓國界，放諸四海而皆準。據此，歷史根本是世界史，各國歷史的不同，乃發展階段的不同，實已發三世說的先聲。公羊三世進化說終成康有為歷史觀的具體內容，而來自西方科學思維的一元論文化觀點，才是此一歷史觀的骨架。其二，科學昌明，理性至上，使十八世紀西歐啟蒙大師信心十足，相信經過不斷進步，人類社會終可臻完善的境域，正如康有為於異代驚羨西方化、光、電、

❻ 參閱Berlin, *The Age of Enlightenment* 之導論；汪榮祖，《康章合論》，頁37–38。

❼ 閱康有為，〈實理公法全書〉，《萬木草堂遺稿外編》，上冊，頁39–65。

重等科學之精美，公理法則之嚴密，如此不斷精進，自亦對人類前
途滿懷樂觀，展望大同之將至。然則康子於卅歲之前，大同理想雖
未成稿，確已開始演大同之旨，略有腹稿在。其三，康氏以實理公
法為準則，批評傳統思想與制度，如謂：「人類平等是幾何公理」；
「今醫藥家已考明，凡終身一夫一婦，與一夫屢易數婦，一婦屢易
數夫，實無所分別」；「凡男女之約，不由自主，由父母定之」與「幾
何公理不合，無益人道」，「父母與子女，宜各有自主之權者，幾何
公理也」；又謂聖權無限的說法，「與幾何公理全背」；「君主威權無
限」，「大背幾何公理」等等❽，其攻擊力不下於西歐啟蒙思想對中古
神道政教的衝擊。此亦即是康思想中所謂「激烈因素」(radicalism)的
一個主要淵源。

　　康有為直指傳統體制中的主要成份不合幾何公理，直言自由平
等，然而何以約略同時期完稿的《教學通議》又要「師古」，要尊
周公、崇《周禮》呢? 張灝說：「保守氣質突出於《教學通議》一
書中」(The conservative strain was predominant in the *Chiao-hsüeh
t'ung-i*)，並以為該書「對周公以及周禮的頌揚明白顯示古文經學派
的影響」(This exaltation of the Duke of Chou and the Rites of Chou
clearly bespoke the influence of the Ancient Text School)❾。湯志鈞
則認為此時的康有為不能算是古文經學家，卻肯定尊周公、崇《周
禮》，「確佔重要地位」❿。書名既是《教學通議》，若不細究教學
兩義的要旨、僅著眼於尊周，不免見樹而忽林。若通讀全書，可知
康有為所謂教，絕不是單純的「教育」，實指整個政教文化秩序而

----

❽　同上，頁42、43、45–46、47、48、50。

❾　同❺，頁27。

❿　湯志鈞，《康有為與戊戌變法》，頁23。

言；學亦非一般所謂的學術，實指官紳士民學習這個政教文化的努力（故「學」在此，應訓為「覺」）❶。周公在相傳的舊制上，創設了完善的政教文化秩序，有了完備的制度與典章。官不僅掌教，而且敷教，一方面用禮教倫理來培育德行，另一方面則以事物製作來教小民道藝，使能各專其業❷。教學俱備，舉國上下才能內修德行，外專道藝，官師咸修，民化而國治。此乃康有為稱道周公周制的主因❸，其目的不外是古為今用。

　　然而教學大備的周制，卻因周之衰亡而王政失統，以至於失官而學亡❹。康氏認為，二千年的帝制，一直未能恢復周公所定的治道，亦即是教學之義不明。自漢以來，雖然儒教六藝存於人心，立為大法，但有教而無學。帝制的發展使君日尊、臣日卑、民日遠，至明清而登峰造極。官不敷教化，而溺於科舉，競利祿之途，成為「嗜利無知之駔徒」， 教學俱失，卒令四萬萬圓顱方趾之小民，成為既無德行又無知識的愚頑之民，根本無以立國❺。此乃康所見之危機，故於序言中直指：「今天下治之不舉，由教學之不修也。」❻是知康撰《教學通議》， 意在明教學之義，作為治國化民之法，至於藉此批評二千年的秦政，則其所突出的含義，實甚「激烈」， 絕非「保守」。

　　再者，《教學通議》既係師古而非復古，故尊崇周公之外，另

---

❶　張灝譯「教」為"education"，顯然誤解了康氏本意，見同❺，頁26。

❷　參閱康有為，《教學通議》，《康有為全集》，集1，頁85。

❸　同上，頁112。

❹　參閱同上〈失官第七〉、〈亡學第八〉。

❺　參閱同上，頁122、132。

❻　參閱同上，頁80。

外標出孔子改制。此時康尚未獨尊經今文以改制，然改制求變的思想已經明朗。他於卷首即點出，「善言古者，必切於今」[17]，意謂師古要切合今日之所需；若言古而不切今，則乃無用之學，「學而無用謂之清談」[18]，而清談足以誤國。他於卷中有尊朱之篇，除「惟朱子學識閎博」外，能洞悉「古禮必不可行於今」，並引朱子所說：「禮，時為大，使聖賢者有作，必不從古之禮，只是以古禮減殺，從今世俗之禮」，以證「古今異宜」，即時代不同所需不同，故後世必「定新制以宜民」[19]，表出要求改革的心聲。

　　禮為六藝中最能表現傳統中國的政教秩序，因其原是儒家的制度，可作治國化民的工具。在康有為之前希望變法的人如郭嵩燾，已據「禮，時為大」之意，作進一步的詮釋說：「時者，一代之典章，互有因革，不相襲也。生乎今之世，反古之道，則與時違矣，故時為大。」[20]郭氏可謂發康氏之先聲。張灝將「時」釋為「時機」(timeliness)，因謂「道德理想與人為制度皆需特定的實施時機。時機未到，無從風行。」[21]康氏所謂時，並非此意，實指適時，他曾明確地指出，「推古人之意，不在器而在義」，例如「射之義在武備，今之武備在槍砲」，又如「御」之義則於今為駕駛近代車舟，可謂六藝適時之例[22]，蘊謂無論思想與制度都須適合時代的需要。非如此詮釋，不能切合康氏極力求變的微意，才能理解康有為何以要博

---

[17]　同上，頁81。

[18]　同上，頁137，另參閱〈從今第十三〉，頁134–137。

[19]　同上，頁144，另參閱頁137。

[20]　見郭嵩燾，《禮記質疑》，卷10，頁3。

[21]　同[5]，頁54。

[22]　同[12]，頁152。

雅士人，考知古今二千年來禮制之沿革，定為《禮案》一書以備參考的用意❷。

由此可見，康氏尊古崇古不過是師法古意，以為今用；能為今用，必須適時。事實上，他一再強調「一王之興，莫不有新制」，以及「三代新王變禮更制」❷。然則康氏絕非向後看的保守者，而是向前看的改革者，已十分明顯。如果再進一步看，可見《教學通議》的用心，處處著重於矯今之弊。今之弊，按照康有為的認知，乃是二千年帝制的積弊，使得君臣相隔，官民相隔，以至於「民冥然遠絕於教化」，一般小民愈來愈無知識，連觸犯法網都不知道，風俗敗壞，動搖國本❷。所以他要師法周孔教學之意，並不是提倡什麼道德與學問，而是要教民與化民。要如此，便不能把民委諸胥吏，士大夫便不能誤於章句文辭，而須講究教與學，淺而勿深，「務使愚稚咸能通曉」國家的基本政教秩序。換言之，他的《教學通議》，要義在美化風俗，整齊民風，以開民智民德，以培國本。其化民治國的現實用心，不言可喻。

康有為的化民之意，實已為其高弟梁啟超的新民說，發了先聲。梁未必刻意師承此意，而是在列強侵略下，愛國情緒激盪下，自然而然產生近代國家民族意識。國家富強必須先有像樣的人民，康所說的才士、才農、才工、才商❷，此一連用的「才」字正可作「像樣的」解。後來嚴復強調民智、民德、民力，亦可與康梁之化民、新民相呼應，乃同一時代憂國傷民之士不約而同的應變方略。所謂

---

❷　同⓬，頁146。

❷　同⓬，頁91、135。

❷　參閱⓬，頁141、142、143。

❷　見⓬，頁134。

近代國家民族意識，有別於傳統國家之專指朝廷，傳統民族意識實指狹義的夷夏之防。張灝引梁著《康南海傳》說，「民族主義不見於康思想中」(nationalism was missing in K'ang's thought)，謂梁稱其師為一「個人主義者」(individualist)以及「世界主義者」(universalist)。[27] 按梁於〈宗教家之康南海〉一章中，僅稱「孔教者，世界主義非國別主義」。又謂「孔教者，兼愛主義非獨善主義」。若以此謂梁稱乃師為「個人主義者」，實誤。梁固稱康為孔教者，甚至是「孔教之馬丁路德」，然而孔教雖像耶教一樣具有世界性，但作為國教未嘗不同具國別性。梁氏於同一《康南海傳》中，明言：「先生經世之懷抱在大同，而其觀現在以審次第，則起點於愛國。」[28] 大同當然可說是一種世界主義，然而仍是寄望於未來的理想，而當前所關切者乃愛國。梁氏所謂「觀現在以審次第」，其意甚明。至於「民族主義不見於康思想中」一語，並未見之於梁著康傳中。試思欲救四萬萬人的康有為，寫出〈愛國短歌行〉的康有為，能無視民族主義耶？即於《教學通議》之中，康氏有鑒於中國方言紛雜，語言不通，主張齊一言語[29]，實已發提倡國語以加強國家統一與認同的先聲。如果把民族主義解作狹義的排滿主義，顯然不見於康思想中，然而排滿主義(anti-Manchuism)豈可等同近代民族主義(Modern Nationalism)乎？

　　《康子內外篇》較重思辨，然與《實理公法全書》以及《教學通議》仍多呼應之處，其用世求變的思想已深藏於字裡行間。其開卷第一篇以闔闢為題，按闔闢一詞出自《周易》〈繫辭傳上〉，所謂

[27]　見❺，頁35。

[28]　見《康南海先生遺著彙刊》，冊22，頁8；另閱頁16。

[29]　見⓬，頁155、156。

「一闔一闢謂之變」❸，即希求帝王以其開塞之術，作自上而下的大力改革。美國學者郝沃(Richard Howard)早於1962年已見〈闔闢篇〉有君尊之詞，便遽謂「康顯示其對傳統帝制之不移忠誠」(K'ang revealed his firm adherence to the traditional imperial system)，並謂康不僅對傳統政制，而且對傳統文化，明顯趨向保守❸。殊不知康之改革意願，即欲改革兩千年之秦政。李三寶說〈闔闢篇〉受到法家思想之影響。張灝也說康氏〈闔闢篇〉議論，形同「帝制儒教」(imperial Confucianism)，謂康「肆言中國傳統中的文化光輝，以及中國帝王具有不可抗拒、絕對的道德權威」(Spoke expansively not only of the cultural glories of the Chinese tradition but also of the irresistible, absolute moral authority of the Chinese emperor)❸，亦認為康擁護專制政體。其實，康有為的君尊之詞，並非尊君，乃陳述二千年帝制使君權益重的一個史實，在《教學通議》中亦明言自秦漢以來君日尊，臣民日鄙，朱明以後尤甚。讀〈闔闢〉一篇，若不斷章取義，即知意在藉挾獨尊君權之事實，行之以開塞之術，「酌古今之宜，會通其沿革，損益其得失」❸，作自上而下的改革，實欲改變二千年君尊之制。正由於中國的君權嚴屬如雷霆，君主一旦決定要做任何事，鮮能阻擋，若謂：「人主欲墾地，則地無不墾矣；欲興水利，則水利無不開矣；欲富農，則農民足；欲阜商，則商興

---

❸ 見《周易今註今譯》，頁384。

❸ 見 Richard C. Howard, "K'ang Yu-wei (1858–1927): His Intellectual Background and Early Thought," p. 308。此文頁308–309所述多係誤讀誤解。

❸ 李三寶，〈康子內外篇初步分析〉，頁217。張氏繼郝氏誤讀此篇，見同❺，頁29。

❸ 見康有為，《康子內外篇》，頁8。

矣；欲精百工，利器械，則百工器械無不精矣；欲開一切之學校、明一切之禮樂，則學校禮樂無不修明矣；欲練水陸之兵師，則無不練矣。」 換言之，人主欲變法，則法無不變矣！正因如此，康氏相信，具有其大權力的中國皇帝一旦要變法，「三年而規模成，十年而本末舉，二十年而為政於地球，三十年而道化成矣！」❸❹此後康有為不斷上清帝書，希望清帝以其雷霆萬鈞之力來變法，可謂其來有自，絕非偶然的了。

康子之〈未濟篇〉，發《周易》古經最後一章〈未濟第六十四〉之義，猶渡水而未能濟，以知所不足，以戒躁進與急於求成。馬洪林認為，「在康有為充滿天人政教的辯證思考中，卻主張改造社會不能過於急躁，不要急於一時以赴事功，又透露出一種循序漸進，不可能飛躍的思想指向」❸❺，可謂能發康子蘊義。然則，此篇雖深思天人，亦係求變之談，談變法之不可驟，頗合其平生之主張。下接〈理學篇〉， 並不是談什麼宋明之理學，或相對真理，而是要窮究學理，自謂：「學也者，窮物理之所以然，裁成輔相人理之當然而已。」❸❻「物理之所以然」是客觀而具科學性的，而被視為當然之人理（習以為常的道德規範），並非放諸四海而皆準，有如儒佛之別與中西之分❸❼，是可以改變的。他既認為「義理無定」，顯非保守；然而他亦不求激烈的劇變，但求會通。如何會通？康曰：

---

❸❹ 同上，頁9。

❸❺ 見馬洪林，《康有為大傳》，頁69。

❸❻ 同❸❸，頁10。

❸❼ 如謂：「內外有定而無定，方圓、陰陽、有無、虛實、消長，相倚者也，猶聖人之與佛也；義理有定而無定，經權、仁義、公私、人我、禮智，相倚者也，猶中國之與泰西也」，同上，頁11。

鑒古觀後，窮天地造化之故，綜人物生生之理，探智巧之變，極教治之道，則義理無定，有可得而言焉。觀其變之動，知後之必有驗也；求其理之原，知勢之必有至也。❸

這種折衷求是的求變觀，與其平生信念符合。最後一句則與《實理公法全書》的思路相應，認為社會的發展像自然規律一樣，有必驗之變，必至之勢，要能觀變與知勢，亦與其平生信念相合。

康有為於〈理學篇〉中有謂，「學出於不能」，應指窮（不能）而後學，然則學可以說是求變通的一種努力。此於〈性學篇〉中有進一步的發揮。所謂性，乃自然的人性與人情，如食色、如無節度的喜怒愛樂；而學則是逆性，逆者乃努力節制，逆與學是成正比的，故謂：「學，所以節食色喜怒哀樂也。」❸❾然則此篇所論，不外以學逆性，其所蘊藏之意，乃後天的努力（宗教、道德、制度等），可以節度先天的人性情欲。然後康有為指出，原非先天的東西往往被視作先天的人性，如孟曰性善、荀曰性惡等等。他之所謂性是氣質，是物性，「譬如附子性熱、大黃性涼」❹，然則人性並無所謂善惡，只是人類的本性。他更借孔子所說「性相近，習相遠」，來說明人類相同的本性之所以有異，「乃積人事為之，差近於習」❹。「習」也是後天的努力，與「學」相呼應。是則兩千年習以為常的政教、節制人性，因習以為常而視為當然，但並不是先天的，而是後天的

❸ 同❸，頁11。
❸❾ 同❸，頁15。
❹ 同❸，頁13。
❹ 同❸，頁12。

努力，「要宜於人而已」❷。此顯然在向「天不變，道亦不變」之說挑戰。後天的道為了宜於人，當然應該變。他於〈理氣篇〉中更直言，宋儒所謂「天理人欲」，為不知道之言，蓋人欲乃天性，天理倒是人理，所以他認為應改作「天欲人理」❸。既是人理，自亦應宜於人而變。由此可見，康子思辨絕非憑空馳騁，實處處為變法思想耕耘播種。無論以保守或激進來描述其思辨，皆未中肯綮，甚而曲解或漠視其尋求改革的強烈意願。

　　康子於《內外篇》中對儒家德目仁義禮智信的詮釋，亦非一般泛論，而實有所指。儒家傳統素以仁統諸德目，康並無貶低仁目之意，然特別強調智的重要性，甚至說：「人道之異於禽獸者全在智，惟其智者，故能慈愛以為仁，斷制以為義，節文以為禮，誠實以為信」❹。他未必欲以智代仁，而是在時代危機衝擊下、西潮的刺激下，特見智之重要。使中國無法抵禦的西力，其背後是智、是學，無怪乎當時倡導變法者，莫不要求開民智，康不例外而已。康氏所謂：「上古之時，智為重，三代之世，禮為重，秦漢至今義為重，後此之世，智為重」❺，更足見其重智的時代性格。依康氏之見，儒家五德目的輕重，端視其時代要求而異，實為其求變求通的思想與主張鋪了路。

　　康子於〈人我篇〉中所作的仁義之辨，亦具時代性。他借董仲

---

❷　同❸，頁13。

❸　同❸，頁30。然則李三寶所謂「天理並非盡善」云云，非是。見氏著〈康子內外篇初步分析〉，頁238，蓋所謂天理非真正的天理，實屬人理，人理非盡善，故無不可更易。

❹　同❸，頁24–25。

❺　同❸，頁25。

舒所謂，「仁者人也，義者我也」，更進一解，以前者為兼愛，後者
為我，認為「兼愛者宜於為君者也，為我者宜於為民者也」❹。一
般小民可以為自己打算，不會太影響別人，而一國之君，則影響大
矣，必須為眾民打算。然而二千年的帝制，卻造成「尊君卑臣，重
男輕女，崇良抑賤，所謂義也」❹。他認為這種情況絕非義之至理，
而係積風成俗之義。他藉人我之辨，企圖改變帝制積弊之心，已呼
之欲出，並展望「百年之後必變三者，君不專，臣不卑，男女輕重
同，良賤齊一」❹。此種結論，從傳統帝制的尺度言，自屬萬分激
烈，但從逐步變更演進的觀點看，實是必然的趨勢。以今視之，亦
可略見康子的先見之明。

《康子內外篇》還透露了康子本人獻身變法的意願。康有為以
聖人自居，人所素知，然於〈勢祖篇〉卻有言：「聖人之言，非必
義理之至也；在矯世弊，期於有益而已。」❹換言之，若不能矯弊而
有益於世，即聖人之言又如何？康顯非以聖人之言自限。說他想當
聖人，不如說他具有先天下之憂而憂的知識分子懷抱。他於〈不忍
篇〉中，充分展示了眼見國破民窮──「老翁無衣，孺子無裳」❺
──而衍生的不忍之心。不忍之心使他不能獨樂，立下憂時濟世的
宏願。而此宏願，又須「知言」，意謂憂時之士，必須苦口婆心，
不怕「諄諄繁復，重碎疊疊」❺。他於〈覺識篇〉中，更描繪有志

❹ 同❸，頁23。

❹ 同上。

❹ 同❸，頁24。

❹ 同❸，頁26。

❺ 同❸，頁17。

❺ 同❸，頁18。

之士宜不受所習之蔽，而具有遠大超時的覺悟與器識。覺識愈高，
推愛愈遠，自一身及一家、一國，以至於「以天下為一家，中國為
一人，血氣相通，痛癢相知，其覺識益大，其愛想之周者益遠」❷。
類此足見康早具不忍之心，高大覺識，欲以之匡時救世，正可印證
其日後的變法行動。他鍥而不捨上書清帝，舌弊脣焦呼籲維新，可
說其來有自。他的「不忍之心」與「愛國情操」也不可能是「分割」
(disjointed)的，更不可能是「兩種聲音」(Speaks in two voices)❸，
因其愛國情操正來自其不忍之心。

　　康有為的早年思想，與後來的發展，在精神上是相當一致的。
今存他卅歲以前所寫三種文字——《實理公法全書》、《教學通議》、
《康子內外篇》——已經展示重要的西學影響，多少帶有用夷變夏
的味道，從傳統的角度看，當然是相當「激烈」，然而從個別的思
想因子看，康氏早年思想又頗多貌似「保守」。其實，無論「保守」
或「激烈」，都是相對而主觀之見，並不重要。重要的是他用心所
在，莫非求變、求通、求改革圖強與維新。他的大同思想雛型也已
形成，追求世界大同與中國富強卒成為其生平的素志與理想。此兩
者並不矛盾，因分屬不同的層次與階段。康有為作為實際改革者，
未嘗不可同時沈思遙遠的烏托邦。蕭公權之書，已經詳述康所扮演
的雙重角色，即實際的改革家與嚮往烏托邦的思想家❹。

　　張灝批評蕭公權「雙重角色」與「兩個層次」之說，認為是忽

---

❷　同❸，頁20。

❸　同❺，頁26。

❹　參閱 Hsiao, *A Modern China and a New World: K'ang Yu-Wei,
Reformer and Utopian 1858–1927.*中譯本見蕭公權著、汪榮祖譯，《康
有為思想研究》。

略了康思想的有機體與整體性❺❺。按康所扮雙重角色，乃康氏生平
之事實，沒有置疑的餘地。至於「兩個層次」，當然是康氏整體思
想中的兩個層次，同一世界觀裡的兩個層次。正因在同一世界觀裡，
故康氏可自由來往於兩者之間，於不同的時間，或強調或擱置，蕭
氏舉有例證❺❻。張氏認為康思想之整體性，至1890年代才完成，於
此之前，變法與大同思想兩不銜接。此說甚誤，康在演化論的啟示
下，形成一種以三世為架構的社會進化觀，將大同視為進化的極致，
然而《大同書》卻非其思想發展的終極產物，《實理公法全書》已
見大同的雛型，可見其早年，已初演大同之旨。既然變法思想與大
同思想同時共存於其思維之中，何以不能往來於兩者之間？來往於
兩者之間，又何礙於其思想之整體性呢?!

　　總之，康有為在卅歲以前，思想雛型已定，其主要內容不外是
以改革為手段求中國之富強，亦是對外力內侵的一種反應，以及嚮
往世界之大同，顯示近代西方科學文明的影響。卅歲以後，康氏在
此一雛型上充實與發展，成為實際的改革家兼烏托邦的建造者。

---

❺❺　見同❺，頁53。

❺❻　見蕭公權，《康有為思想研究》，頁386–388。

第三章　一元思維

　　中國傳統文化中的大一統意識，以及如近代學者所說，中國的
宇宙觀是一有機整體的發展❶，多少形成一般士大夫的一元思維，
認為文明或文化沒有種性與國界，是放諸四海而皆準的。宋儒所謂
東海西海，聖人同心，也很能表達此一元思維。鴉片戰爭之後，中
國門戶洞開，西潮洶湧而來，在保守派的一元思維裡，容不得西方
文明，只可以用夏變夷，絕不允許用夷變夏。晚清主張變法的士人
主變，當然免不了要用夷。他們想要把舊帝國變成新國家，把專制
變成立憲，把自足經濟變成工商經濟。但是他們不認為是用夷變夏，
因為西方文明乃是近代文明，乃天地間公共之理，非由西方國家所
專有。這也是一種一元思維，並由此產生所謂「西學源出中國」說。
這種說法固然有「戰略意義」：　外國的東西既源自中國，中國人也
就沒有必要拒絕這些外國東西，所謂：「知西法之本出於中，則無
俟概行拒絕❷。」　此一說法也就透露了，人類文明原出於同一個源
頭。說源頭在中國，不免自以為是，然而多少承認了源出中國的西
方文明，超過了中國，而值得中國學習。換言之，人類走的是同一

---

❶　如李約瑟之說，閱 Needham in collaboration with Wang Ling, *Science
　　and Technology in China*, 2:287.

❷　陳熾，《庸書》，〈內篇〉，頁4。

條道路，有時某一些人走得快，有時另一些人走得快，因而文明並不屬於某一國人，而是屬於全人類。

此外，兩個不同的文化初次接觸時，總難免以己文化來「吸納」他文化，不自覺地強以我見去理解別人，如近代歐美人想當然耳地認為，宇宙與人類都是上帝的創造，很自然地以創世紀的觀點來通觀全球。中國人對東漸的西潮，以傳統的中國觀點來通觀西方，自不為奇。這種思維當然難以真正理解對方，但是正由於下意識的「無知」，可以淡化甚至模糊了二個不同文化間在宇宙觀上的鴻溝，亦因而可以自由馳騁聯想，在一元思維之中編織體系。

這種超越國界地域的一元思維觀點，在晚清變法人士之中，相當普遍。康有為是集變法思想的大成者，他超越華夷的觀點，尤其顯著。他的性情與學術背景都傾向「屬於世界性觀點」(cosmopolitan view)。他胸懷宇宙萬物，故每能「推惻隱之心，以行吾仁」❸，且以「大地萬國之人類，皆吾同胞」而「致其親愛」❹。他又深具自信心，用拯世濟俗為己任，曾說：「吾方欲有為也，德行志節之士，苟非遯世無悶者，亦將俛首從我，而吾視其德器之大小，而禮貌之」❺，足見他自少即有作君師的宏願。他為了拯世濟俗，深信普遍真理，繼之以奮鬥不懈，必能登人類於衽席之上，歸宿於理想的大同世界。他的學術背景，不論儒學或佛道，也都能激揚他的不忍之心，以及以「天地萬物為一體」的情懷。光緒四年(1878)，他仍在禮山草堂念書時，「忽見天地萬物皆我一體」❻；翌年讀書西樵，

---

❸　《康南海自編年譜（外二種）》，頁24。

❹　康有為，《大同書》，頁4。

❺　見蔣貴麟編，《萬木草堂遺稿外編》，上冊，頁4。

❻　同上。

又「哀物悼世，以經營天下為志」❼。類此情懷與抱負，與他的一元思維趨向是相當一致的。

康有為所讀的西書，主要是江南製造局的譯叢，大都是屬於科技之類，因而他所欽羨的是西方物用之美，也就是近代的科技文明。近代科學文明自十七世紀以來，代表全人類的進步，被認為是放諸四海的普遍真理，流風所及，不免競以科學詮釋人文，模糊了心物之異。康所接觸到的西書既多屬此類，更無視自然科學與人文學科間的界限，甚至認為並無界限，早於光緒十一年(1885)就說：「從事算學，以幾何著人類公理❽。」他想以科學的自然法則來規範人理，是顯而易見的；他由此而探索到的人文界的規律，也就認為是天下一律的。

他的三世說，也可以說是一種一元的歷史進化觀；不過，此一觀點並不是根據正確的歷史經驗而來的歷史法則，而是康聖人所製作的人類發展的共同模式。三世說因而也就成為一個放諸四海而皆準的公式。康的一元式的公式，來自深信人類萬物同一根源，「所謂道立於一，化成萬物，夫天地生物之數，終於萬而始於一，枝葉之繁，木在一本」，那個本像核，「一核而含枝葉之體」；也像卵，「卵而具元黃之象」，「而核卵之始，又有本焉」。同一個本而發展有異，則因中國二千餘年歷史沒有按照既定的公式發展，以至於「公理不明」，「文明不進」❾，終於落後。換言之，一個國家的歷史進程像數學方程式一樣，用了正確的公式，才會有滿意的結果。中國

---

❼　同❷，頁5。

❽　同❷，頁13。

❾　見《康南海先生遺著彙刊》，冊7，頁8。康氏論本元見同書，頁31–32。另參閱冊5，頁65。

歷史進度不符三世模式，乃是由於歷史迷失了真理，入了歧途，走錯了方向，只能在據亂世中打轉。在漫長的帝制時代，中國應進入君主立憲而未能；當帝制遽然結束時，中國尚不具備民主的條件而遽進入共和，都不合歷史公式的進程，若非其時而妄行，將徒致亂而已。這種信念正是康有為在晚清要提倡君憲，在民國仍要提倡君憲的原因。

西方的科技知識堅定康有為對真理的信仰之外，更使他認識到近代物質文明的進步性格。他所見、所知、所思的近代文明為進步提供了實證，無論早年薄遊香港，或後來遨遊歐美，都使他驚羨西式物質生活的「繁麗華妙」❿。他認為「繁華」是人類進步的共同成果，並應分享樂利幸福，更因而強調「與民同樂」之義，不僅不是奢侈，而且是「公理之至」⓫，最後達到人人幸福的大同世界。於此也可見他的大同理想不是不可企及的空想，而是全體人類持續不斷進步的必然結果。他對進步的信心，則來自對所知科學知識的信賴。他在這種信賴的彌漫之下，像許多十八世紀的歐洲哲學家一樣，科學不僅可以征服物質世界，也能征服心靈世界。心靈世界也就可以像自然界一樣的完美，人類的道德也會像科學一樣不斷地進步，以至於能達到理想的社會。

康有為相信道德可以進化，也多少可以看出他的一元思維。他受到達爾文學說的影響，以「人自猿猴變出」，遂認為自野蠻而進於文明，乃天理法則；一個人的品德也隨生命的成長而俱增，若謂：「一歲嬰兒無推讓之心，見食，號欲食之；見好，啼欲玩之。長大之後，禁情割欲，勉勵為善矣。」個人如此，人群亦復如此，因為

❿　參閱《康南海先生遊記彙編》。

⓫　同上，頁593。

人人「同好仁而惡暴，同好文明而悲野蠻，同好進化而惡退化」，否則「若無好懿德之性，則世界只有退化，人道將為禽獸相吞食而立盡，豈復有今之文明乎？」⓬康氏於此，顯然欲以文明進化的事實，來證明道德之日進。他不可能不覺察到近代文明中道德敗壞的事實，尤不會不知近代帝國主義的惡毒；事實上，他痛感帝國主義者的威脅中國，見之於〈京師強學會序〉中⓭。但是他認為列強之侵略，非因西方道德之退化，而因中國進化之落後，若謂：「吾既自居於弱昧，安能禁人之兼攻？吾既日即於亂亡，安能怨人之取侮？」⓮然則中國之須致力者，不是譴責西方之不道德，而是傚法西方之文明，一旦中國「文明大辟」，也可「為霸地球」⓯。不過，他並不預期中國會與列強相爭，而是相期共進於大同之世，因為此乃人類一元進化的極致。

康氏既深信歷史演進的法則，一般而言，任何具有普遍性的歷史法則，應該是命定的，歷史的實際發展不可能逾越法則，所謂「歷史有其必然性」。康認為人人幸福的大同世界必然會到來，那種樂觀的必然性是毫無疑問的。不過，他並沒有探討必然性背後的動力。換言之，是什麼社會、經濟，或文化的力量導致必然的發展，語焉不詳。這是西方歷史哲學家所優為，而康所忽略或缺乏的。更有趣的是，康氏既然認為二千餘年的中國歷史，因劉歆作偽而沒有按照法則發展，否則中國「至六朝已可大昌」⓰，然則必然性又何在呢？

⓬ 見❽，冊5，頁154–155、148。參閱❷，頁10。

⓭ 見湯志鈞編，《康有為政論選集》，上冊，頁165。

⓮ 見於上清帝第五書，載上書，頁203。

⓯ 參閱上書，頁226。

⓰ 見❾，頁174。

更非命定。不僅此也，劉歆作偽若果能改變歷史發展的固定軌跡，
豈非展示出強大的自由意志以及歷史的偶然性？假如沒有劉歆，歷
史豈非不一樣了嗎？此外，他深信可以憑帝王一己之力，「卷舒開
合，撫天下於股掌之上」❶，可使中國立登於昇平之世，並特別提
到俄國的彼得和日本的明治，先後把一個落後的國家變成富強，也
與歷史命定論相違背。類此皆可充分說明，在康有為的心目中，人
之自由意志可以左右歷史法則。然則他的歷史公式又參雜了強烈的
自由意志論。這也許不是他有意識的矛盾，但仍然無意識地透露了
他根深蒂固的一元思維，認為歷史的發展是「單線直行模式」(lineal
pattern)；在單線直行中，個人的自由意志可以決定性地阻撓或推動
歷史發展。

康有為特別強調自由意志，絕非偶然，實與他的變法情懷與企
圖直接有關，因為變法就是要用人力來回天。他在上皇帝書中曾有
言：「皇上若採臣言，中國之治強，可計日而待也」❶，又曾說中國
一旦決心變法，「三年而規模成，十年而本末舉，二十年而為政於
地球，三十年而道化行矣」❶。這些話很可說明人力可能大有作為
的樂觀看法。此一樂觀也多少顯示他對近代文明的信心，認為西方
成功的例子已為中國開了一帖良藥的方子，必有奇效。他呼籲中國
誠心模仿近代文明的具體項目，諸如物用、科學、議院等等，戊戌
之後，周遊列國，對近代物質文明更加傾心，主張「物質救國」❶，
開了民國以後西化派論調的先河。但是康有為絕對不能說是西化派，

---

❶　見❹，頁5。

❶　見❶，頁224。

❶　見❹，頁9。

❶　詳閱其「物質救國論」，見❽，冊15。

因為他根本不承認近代文明是專屬西方的，而是人類共同的道路和目的地。這種想法在他的一元思維裡是暢通無阻的。

　　蕭公權教授曾說過，康有為哲學的基石是「元」，元乃萬象之本，出自董仲舒所謂：「一元者，大始也」，即萬物之本❹。這個「本」到底是什麼？康一再提到「氣」，如謂「凡物皆始於氣，有氣然後有理；生人生物者，氣也，所以能生人生物者，理也」❷。康論人性，亦謂「性全是氣質，所謂義理自氣質出，不得強分也」❸，甚至包括道德在內。康氏一元之氣，曾使李澤厚覺得是一種不可輕視和低估的「清醒的樸素的唯物主義傾向的科學自然觀」❹。康氏思維到底是唯心還是唯物，學者意見不一，難有定論，但是他的一元思維，應無可疑。他論人性之善惡，並不是一種二元觀點，而是一元思維中的兩極爭端，就像陰陽不是二元，而是一體之兩面，無論矛盾或調和都將歸於一。事實上，康有為樂觀地深信，他所歸宿的大同世界裡，是人人皆善的。

---

❹　見蕭公權，《康有為思想研究》，頁135。

❷　《南海康先生口說》，頁1。

❸　閱康之《長興學記》首頁，另見❾，收入冊9。

❹　李澤厚，《康有為譚嗣同思想研究》，頁77。

第四章　哲學詮釋與政治改革

　　康有為公羊改制之說，論者已多，此章擬進一步探討康氏接受經今文，特別是公羊學的經過，分析何以康氏對公羊學的重新詮釋，會造成一場始料未及的思想革命，說明康氏如何利用孔子，欲栽變法之花，卻無心插了革命之柳。

　　我們可從康氏四部著作入手，即《新學偽經考》、《孔子改制考》、《春秋董氏學》，以及《春秋筆削大義微言考》。微言考雖成於庚子1900年，但康在序中自稱舊稿實已於廣州萬木草堂和居廣西風洞時完成，故與前三書屬同一時期的作品。這四部書為他政治改革的理想奠定了學術基礎，也為我們提供了一個研究哲學詮釋與政治改革的課題，並從此可以更深入了解康有為的思想境界和基本關懷。

　　康有為於三十歲時思想成熟之後，即「發古文之偽，明今學之正」 ❶。他的發偽明正的轉變並非突然發生，而是經過一段過程的。他於光緒六年(1880)時仍批判何休(A.D.129–182)及其《春秋公羊學解詁》， 然而數年之後，自認批何之謬。論者多謂康之轉變受到廖平 (1852–1932) 的影響❷。康氏有所取於廖，應可視為定論，然而

---

❶　《康南海自編年譜（外二種）》，頁16；《康南海先生遺著彙刊》，冊9，頁2。

❷　即梁啟超也承認這一點，見《梁啟超論清學史兩種》，頁63。

廖一再指控康抄襲，不免過甚其詞。康著《偽經考》與《改制考》
雖與廖著有明顯雷同之處，但蕭公權先生早已指出，不能排除不約
而同的可能性。康自稱此書「體裁博大，自丙戌年與陳慶笙議修改
《五禮通考》，始屬稿，及己丑在京師，既謝國事，又為之」❸。若
然，則康早於丙戌(1886)即有意寫此書，自不可能由廖啟示。蕭氏
更進一步指出，康著素少註明出處（中國傳統文人大都如此），　即
使康擅自用了廖說，兩人著作志趣實也大不相同❹。康之學術興趣
遠較廖平為廣，而且意在致用，而公羊學正合其此一現實的目的。
換言之，康對公羊經今文的興趣，現實需要遠多於經文的本身。

　　《春秋》一書的作者問題雖仍有爭議，但一般認為此書乃出孔
子之手。《左傳》發明《春秋》所載之史，《公羊傳》則微言大義。
敘事要求準確，語多平實；言義則可自由發揮，欲通款曲。漢劉向
父子以及晉之杜預皆奉左氏傳，唐人雖有疑之者，然劉知幾推重備
至，譽為「聖人之羽翮」，宋元明清學者也鮮不尊奉。而春秋公羊
學則式微千餘年，直至乾嘉時代始見復興。莊存與 (1719–1788) 初
顯今文解經傳統，然並不排斥古文。莊氏門人劉逢祿 (1776–1829)
與宋翔鳳 (1776–1860) 建立了常州學派，專以春秋公羊為宗，講求
微言大義，與以名物訓詁為尚的蘇州和徽州學派，截然異趣。微言
大義的風尚開了援經論政的風氣，冀求通經以便致用。到嘉道年間，
國計民生日艱，內亂外患接踵而來，議政的題目日多。名士如魏源
(1794–1857)，龔自珍(1792–1841)遂拋棄沉悶的樸學，走出象牙之

---

❸　《康南海自編年譜（外二種）》，頁21。

❹　Hsiao, "K'ang Yu-wei and Confucianism," p. 129, 130–131; Hsiao, *A Modern China and a New World*, pp. 67–69；另參閱汪榮祖，《晚清變法思想論叢》，頁108。

塔，議論時政。兩人均曾從學於常州學派，因欲借公羊義例，作為改制的依據，更主張以經世來挽救危亡，發了變法圖強的先聲。浙江戴望 (1837–1873) 將常州之學引入兩湖，再由湖南越嶺南入廣東❺。四川的廖平即從湖南王闓運 (1833–1916) 學經今文。在康有為出生之前，經今文的公羊學已起了政治效應，成為經世之資。這種風氣既已傳到廣東，康於粵中接觸到公羊今文，並不令人感到任何意外。

　　近代學者常稱康有為乃傳統今文學的殿軍，但是從純學術觀點或今文師承而言，康有為不能算是一個純正的今文家。章太炎曾一語道破，說康的目的在政治，故謂：「康有為以公羊應用，則是另一回事，非研究學問也」。章氏同時指出，「清代經今古文已不能盡分，即漢宋之間亦已雜糅」❻。康氏不守家法，固因其別有所圖，然亦大勢所趨。蕭公權也曾指出，康氏經學研究的貢獻不在經學本身，而在對後來歷史發展的實際影響❼。明乎此，則知康有為解經意在經世。康之去古求今，原亦因受到政治因素的激盪。甲申之戰中國慘敗後，引發他的救亡意識，再也不忍為書齋中的學者，曾有詩曰：「山河尺寸堪傷痛，鱗介冠裳孰少多？杜牧罪言猶未得，賈生痛哭竟如何？更無十萬橫磨劍，疇唱三千敕勒歌，便欲板輿常奉母，似聞滄海有驚波。」❽正是滄海驚波使他在行動上，上書變法；在思想上，則由經說建立議政的理論基礎。

　　康有為學以致用的趨向，可見之於他早年的思想，他個人的性

---

❺　參閱《章太炎全集》，冊3，頁118。

❻　章太炎，《清代學術之系統》，頁6。

❼　Hsiao, *A Modern China and a New World*, p. 101.

❽　《康南海先生遺著彙刊》，冊20，頁52。

格也充滿樂利主義❾。他深信知識是為了個人的快樂，社會的繁榮，國家的富強，而公羊學的實用價值是顯而易見的。《公羊傳》明言孔子作《春秋》，為了「撥亂世，反諸正」❿，正符合康氏救亡圖存的意願；微言孔子作《春秋》的大義，可資治國議政的依據，從立言中求立功，更何況孔夫子原有「制春秋之義，以待後聖」的意思。公羊家的尊王與大一統之說，看起來與康氏政治思想並不相契；不過，他雖痛鍼秦政，攻乎專制，但既欲由清帝主持自上而下的改革，非尊王一統實無從為之。公羊傳經頗嚴夷夏之防，與康氏變法主張或大同宗旨，似乎並不相契，但他認為傳統的觀點有誤，因「不知春秋之義，中國夷狄之別，但視其德中國而不德也」⓫，他自然不以已經華化的滿清為夷，而以侵略中國的列強為外夷。然則以攘夷之說來抵抗西方帝國主義，不僅符合當時的需要，而且可突顯變法圖強的急迫。《公羊傳》發明春秋大義，本來頗疾「自我魚爛」的敗亡之國，所謂孔子認為侵略別人以及使別人侵己，兩無可恕，豈非正是康有為感受最深者？

《公羊傳》的春秋復仇之義，所謂「九世猶可以復仇乎？雖百世可也」，亦大大可用作愛國熱情與民族主義的資源。康以身許國的志願和強烈的救亡意識，足令他在精神上認同復仇之義。章太炎用復仇之義來排滿，只不過是說明此義乃雙刃之劍，既可用之革命，亦可用之變法。至於公羊三世之說，更為康氏比附進化論提供了本土的依據。公羊家的言權之說，亦可以中康之懷，如傳曰：「權者

❾ 參閱蕭公權，《康有為思想研究》，頁27–30。

❿ 《春秋三傳》，頁536–537。

⓫ 參閱康著《春秋筆削大義微言考》，收入《康南海先生遺著彙刊》，冊8，頁543。

何？反於經然後有善者也……行權有道，自貶損以行權，不害人以行權」⓬，意指有關大眾利益與國家存亡之事，理當權宜行事，截然有別於小人之權詐。即使《公羊傳》中的災異之說，康亦曾用作戒懼修慎的依據。

康有為為了立新，必須先破舊；然而無論破或立，著述宗旨都以變法為本，經說為用，或可說立言是為了立功。他自己也不否認這一點，如於光緒十七年(1891)康致朱蓉生(1846–1894)函有云：

> 僕之忽能辨別今古者，非僕才過於古人，亦非僕能為新奇也。亦以生於道咸之後，讀劉、陳、魏、邵諸儒書，因而推闡之。使僕生當宋明，亦不知小學；生當康乾，亦豈能發明今古之別哉？⓭

康在此函中明言學術與時代的密切關係，他的新學實際上為了時代所需。客觀的環境使他在經今文中，發現救世之道。他想以經學達到政治目的，是無庸置疑的。他恰於從事政治活動之際，明今古之別，也絕非偶然。他深知千年以來，儒教成為帝制的依據，正需要同一儒教作為改制的依據。然而康又如何能從經今文，特別是公羊學中取其所需呢？如何利用微言大義來盡情立言，以達到舊瓶裝新酒的目的呢？簡言之，公羊微言大義，使康能盡情對其政治思想作有利的哲學詮釋。《公羊傳》有云：「君子曷為為《春秋》?撥亂世反諸正，其近諸《春秋》」，又曰：「制《春秋》之義，以俟後聖。」⓮

⓬　同⓾，頁81、100。

⓭　蔣貴麟編，《萬木草堂遺稿外編》下冊，頁815。

⓮　《十三經直解》，卷3下冊，頁360。

這段話對以聖人自居，以天下為己任的康有為而言，豈非十分中聽可用？

康有為斷言《春秋》有二類四本：有文字的一類包括魯史原文和孔子筆削之本，孔子以魯史為底本加以筆削，筆削之際便顯示出所欲表達之義，才能因文見義；而《左傳》記事雖得魯史之舊，卻失孔子大義，猶如「買櫝還珠」，所以必須要重視孔子的筆削，《春秋》才有意義。另一類則是無文字的口說，包括孔子口說大義由公穀所傳之本，以及孔子口說微言由董仲舒與何休所傳之本。所謂口說，即聖人的大義經由口授給弟子而代代相傳，使大義微言不因文字未備而失傳，依康之見，口說較文本更能保留勝任要旨，因為《春秋》要旨既然在義而不在事，故「傳孔子春秋之義在口說，而不在文」❶。康之方法論，可由其自述歸納之：

> 溝通兩傳，汰去支離，專摘微言大義之所歸，大悟記號代數之為用，得魚忘筌，舍棄文事二傳，董何口說，合而採之，而孔子改制之義，撥亂之心，乃復昭然若揭焉。❶

所謂記號代數，乃指孔子筆削的痕跡，如何解讀？除了「溝通二傳」與「董何口說」之外，自不免康氏本人的自由心證，此亦為其學以致用之必須。然則，康之詮釋就是要發揮孔子筆削《春秋》的大義微言，如謂孔子將魯史原文「鄭伯殺其弟段」，筆削為「鄭伯克段於鄢」，「改為克者，惡鄭莊公之殺其弟而大其惡也」，又如孔子將「公張魚於棠」筆削為「觀於棠」，「特著人君不可與民爭利

---

❶ 同❶，冊7，參閱頁24、136、137。

❶ 同上，頁138-139。

之義」❶，類此皆在標明《春秋》除了文與事之外，還有義。而他最要表白的，其過於孔子改制之「非常異義」，也就是三世之大義，「蓋括《春秋》全經」，發揚此義，才能得到「通變宜民之道，以持世運於無窮」。孔子生於據亂之世，但孔子之道，絕不「盡據亂而止」，實與「禮運小康大同之義同真」，而「孔子之志，實在大同太平」，然則聖人已為昇平與太平世定制，只因孔子乃聖之時者，故昇平與太平之制，「一時不能遽行」，只能期之於未來，「以漸而進」，至於康所謂「一世之中包三世之義」，論者或感疑惑，實則不過是要表明不同階段之中，仍有「漸而進」的發展而已❶。

　　對康有為的實際需要而言，的確無過於公羊之三世說。《公羊傳》認為《春秋》的作者分魯史為三個紀元，即遠古的所傳聞世，近古的所聞世，以及當時的所見世。此一時間的三分法，給何休提供了發揮公羊學的歷史發展理論。何氏以所傳聞為據亂世，所聞為昇平世，所見為太平世，展示了從亂到治到太平的演進過程。何休因而開拓了三世的意義，為清代公羊學者進一步發揮此說提供了資源❶。康有為更抓住三世說，肯定為孔子的「非常大義」，並引申而解作：「亂世者，文教未明也；昇平者，漸有文教，小康也；太平者，大同之世，遠近大小如一，文教全備也。」❷康氏在較何氏更進一階的基礎上完成了他的大同哲學❸，他的大同哲學顯然取自包括

---

❶　同上，頁44–45、74–75、65–66、136、142、143、144。

❶　同上，頁51、52、55、66、120。

❶　參閱❶，卷3，上冊，頁16；《康南海先生遺著彙刊》，冊4，頁44、61、218–219。

❷　見《康南海先生遺著彙刊》，冊4，頁61。

❸　康門弟子梁啟超以及近代學者如錢穆，蕭公權，湯志鈞等先後指出，《大同書》不可能如康自謂早於1884到1885年完成，該書原稿的發現

佛學與西學在內的各種不同資源，但絕不能忽略了公羊今文中大一
統思想對他的啟示。他對公羊學並無原創性的貢獻，也不是一位嚴
謹的經學家；他擁抱公羊學詮釋傳統，因其最明《春秋》改制之義，
足資改造中國，建築世界烏托邦之用。不過，大同烏托邦乃屬於遙
遠的未來，當前的關切則是如何從據亂進於昇平，在社會上由破除
大夫的特權到破除諸侯的特權，最後到太平世再破除天子的特權；
在男女關係上由嚴男女之別到女子亦有教育權，到最後「教化純美，
人人獨立，不必為男女大別，但統之曰人類而已」； 在政制上則由
「以天統君，以君統民」到「立君民共主之治體」， 到最後「人人
皆可稱天子」，也就是民主時代❷。康有為完全可以據此理論，為從
君主專政轉變到君主立憲的政治運動服務。

　　康在全力展開政治活動之初，於光緒十七年(1891)出版了《新
學偽經考》， 一紙風行，梁啟超比之為思想界的颶風，並非過於誇
張。此書的最大震撼性在於斷言古文經皆劉歆偽造，偽造的目的為
了消滅孔子大義，因而使二千年來帝國所尚之經，概屬偽經，以至
於今之學者雖崇經學，實不知聖經的真義。康之論據是劉歆負責校
書，有足夠的機會作偽。他認為在劉校書之前，並無《左傳》， 劉
乃篡改《國語》為《左傳》，而《左傳》亦因而成為偽古文經的「巢
穴」。司馬遷作《史記》曾用左史，但未嘗視之為經，卻視《公羊》、
《穀梁》為經。康據此遂肯定《左傳》乃劉歆偽作❸。

更證明完成的時間，應在1901到1902年之間康居印度時。不過，最近
出版的康氏早年著作，特別有關大同思想的部分，則又可見《大同書》
成書雖晚，其大同哲學的醞釀甚早。

❷　同❶，參閱頁46、65、175、176、183、186、202、250、350。

❸　參閱同❽，冊一，頁76、105、122、124、128–129、174。

　　康還指出，劉有作偽的動機，蓋劉為助王莽篡位，以偽《周禮》作為新朝改制的依據，以偽《左傳》為新朝新君的依據。然則，劉之篡經可等同王之篡漢，此即何以康稱經古文為新學之故。而新學之所以能取代真經，迷惑千古，實因後漢大儒如賈逵、馬融、許慎、鄭玄等，不惜激揚劉歆餘焰之故。賈以帝師之尊尊古文，馬為偽經作注，鄭則以古文總結經今古文之爭。康認為鄭玄一統儒學江山之後，鞏固了劉歆偽經的地位，而許慎又為偽經建立聲勢，以至於幫助劉歆及其偽經，籠罩中國長達二千年之久，以偽代真，以是遮非，其間宋儒所用，亦無非都是偽經❷❹。

　　康作偽經考，為了徵信，也頗展露其考證長才。他力證秦始皇焚書坑儒，並未盡除六經，蓋因所焚之書乃私藏，而所坑者不過是四百六十個咸陽方士，非盡儒者。換言之，未焚之書、未坑之儒多矣。康又舉證說明秦立七十餘博士，足見儒學續而未斷，而儒者如扶生、申公、轅固生、韓嬰、高堂生等，雖皆經焚書坑儒，然而至漢初仍然健在，可見一斑。依康之見，秦始皇焚書的目的既在愚民，豈有必要焚毀所有的書以愚己？事實上，焚書六年之後，劉邦入咸陽，蕭何猶得收取大量圖書。康於此，並無意為秦火辯解，其目的僅在說明，儒者儒書並未如常人所信，因秦火而亡，亦因而使劉歆，得以竄亂六經❷❺。康有為力證秦火沒有把書燒光，卻完全不提項羽之火，才把書幾乎燒光，恐怕並不是無心的疏失。

---

❷❹　見同上，頁3、125、131、132、135、139、149、155、158、161、163-167、175、179。

❷❺　見同上，頁1-19、41。清道光年間學者洪頤煊已謂：「始皇焚書，僅焚民間所藏，而博士官所職之詩書百家語，固無恙也，故漢興皆得列於學官」見氏著《讀書叢錄》，頁612。

康既然強調秦始皇並未盡焚群籍，則所謂古文從孔宅中重新發現，便不實在，更何況果真發現大量古籍，該是何等大事，而《史記》竟無記載。班固《漢書》〈獻王劉德傳〉雖有得先秦篆文書籍，以及置《毛詩》和《左傳》為博士的記載；〈恭王劉餘傳〉雖有在重建孔宅時，從壁中偶然發現古文經的記載，但是康仍問，何以司馬遷身在二王之後，竟不知此一大事。此一疑問使康相信，劉歆也竄亂了《漢書》。康讀《漢書》的〈劉歆傳〉，就感到很像劉歆的自傳❷⑥。

事實上，康認為劉歆不僅僅竄亂了《漢書》，同時也動了《史記》的手腳，如在《史記》中出現的古文二字，都是劉歆的增添，若司馬遷自稱讀過《左傳》，然而《左傳》卻不見之於儒林傳；在康看來，豈非增添的明證？不僅此也，康一直認為，司馬遷絕不會以《左傳》為經傳之一種；〈十二諸侯年表〉中雖說左丘明是《左傳》的作者，但康不信司馬遷會這樣說；若然，則司馬遷必然會將《左傳》與《公羊傳》和《穀梁傳》同列於儒林傳之中。康於此，再度暗示劉歆作偽。至於問到劉歆既然可以任意竄改，何不也竄改儒林傳，康的回答就甚武斷，說是若劉將《左傳》增入為人熟知的儒林傳，不免暴露作偽的痕跡，故竄之於較為鮮知的〈十二諸侯年表〉之中以亂真❷⑦。

大體而言，《新學偽經考》一書，有其博學的一面，從文獻比較和考證中提出問題，尤見匠心❷⑧；然而自以為是的論點，跳躍式的結論，也不勝枚舉，自然會引起強烈的反彈。孫寶瑄(1874–1924)

---

❷⑥ 參閱同❽，頁13–14、22、104–106、128。《漢書》，冊8，頁2410、2414。

❷⑦ 參閱❽，冊4，頁26、30–31、71。

❷⑧ 閱上書，頁181–331。

就批評康的偽造之說,「欲以新奇之說勝天下,而不考事理」❷。連梁啟超也認為,乃師之說多難以自圓❸。但是自信極強又特具知識上傲慢的康有為,每視批評如無睹,更雅不願與人辯難。他與朱一新為了《新學偽經考》來往筆戰不休,洵屬罕見。朱曾長廣雅書院,學養為康所重,復又相識,故《偽經考》完稿尚未付梓時,已送請朱氏覽正。朱是一位認真的學者,又長康十歲,遂毫不保留地提出異議,他既不能接受古文是偽經之說,也不接受劉歆竄亂《史記》的指控。朱責康論學過於武斷,情見乎詞,如謂:「同一書也,合己說者則取之,不合者則偽之」❹。在康有為之前,雖頗有學者指某經為偽,然而無人如康斷言古文經皆偽。以《左傳》為例,早在漢代已有人不以經傳視之,唯有康前無古人,直指之為劉歆竄亂《國語》而成。依朱一新看來,「《左氏》與《國語》,一記言,一記事,義例不同,其事又多複見,若改《國語》偽之,則《左傳》中細碎之事,將何所附麗?」朱因而站在學術的立場,勸康「持論不可過高,擇術不可不慎」❺。

　　朱一新當然憂慮康氏過高的持論,會導致政治和社會層面上的後果,如此否定古文經很可能會有連鎖反應,若謂「六經更二千年,忽以古文為不足信,更歷千百年,又能必今文之可信耶?」❻然則,秦始皇未能盡毀的經書(如康所說),或因康而全盡。康之目的若在明學術,則朱認為反而「學術轉歧」; 若為了正人心,則「人心

---

❷　孫寶瑄,《忘山廬日記》,上冊,頁121。

❸　如見《梁啟超論清學史兩種》,頁64。

❹　同❸,頁798。

❺　同上,頁798、802。

❻　同上,頁803。

轉惑」。朱懼一旦對經書發生了疑問，如洪水決堤，一發不可收拾，以至於廢孔而後已。朱一新一心維護古文經，不僅為了學術，而且為了政教，甚怕建築於儒學的整個秩序，將如大廈之將傾❸。康回答朱之抨擊，並不斤斤計較學術上的考證問題，明言自外於「乾嘉學者，獵瑣文單義，沾沾自喜」，又曰「不敢以考據浮誇，領率後生」。他有高於解經本身的目的，他辨別今古是為了明偽經之禍，以冀為國為民導向轉機。他對朱氏的憂慮，頗不以為然：「若慮攻經之後，它日並今文而攻之，則今文即孔子之文也，是惟異教直攻孔子，不患攻今學也」❸。在此可見康、朱之異的要點：朱要維護傳統政教秩序，而康則要在舊基礎上建立新秩序。此一要點之外，學術上的異同似乎顯得並不十分重要。

康有為既以劉歆偽經為中國落後不進的主因，故必欲藉公羊學以恢復孔子的真精神。康有為從今文家劉逢祿之說，以《春秋》為脫離循環的古代，一個新歷史時期的開始，因而孔子被視為後王，為後世創制，以挑戰劉歆偽造《周禮》將周公視為制作者。此一偽造影響更為深遠，不僅模糊了孔子的遠見，而且導致中國二千年的停滯不進。此乃康全力暴露劉歆作偽的最大動機❸。

康攻劉的根本動機，或許初未被朱一新所了解，故朱責怪康攻劉過當，或過於誇大劉歆作偽的本領。關於這一點，當時的士大夫多有同感，如孫寶瑄說：「使歆能造，歆亦聖人也」；又說：「若云諸書皆出其手，則攻之適以尊之，歆果勝聖人也。」❸無論孫或朱，

---

❸ 同上，頁803–805。

❸ 同上，頁806、808。

❸ 參閱❽，冊1，頁40、44、65；冊4，頁186；Ng, "Mid-Ch'ing New Text (Chin-wen) Classical Learning and Its Han Provenance," p. 28.

多少知道康有為有心改革，但他們都認為康是「陽尊孔子，陰主耶穌」以及「用夷變夏」， 這是他們完全不能接受的。康對此雖加以否認，不過他在覆朱函中，承認對西方文明印象深刻，他問朱：「今之中國與古之中國同乎？異乎？足下必知其地球中六十餘國中之一大國，非古者僅有小蠻夷環繞之一大中國也。」 正由於中國不明今古之異，不知變通，故遭外人欺侮，失地賠款，圓明園被焚，「諸夷環泊兵船，以相挾制，吾何以禦之？」他更進而責朱等保守派人士，朦然不知變局，堅持不切實際的學說，對亡國亡種似無動於衷。因而康對朱之抨擊，報之以「足下不知僕，亦不知西人，且不知孔子之道之大也」⓼ 。至此，已可知康朱之辯，絕非狹隘的經今古文之辯。

康朱之辯似可證實，康確有利用孔子，幫他偷運西方文明入境的企圖。美國學者李文孫(Joseph Levenson)雖不知康朱辯論之事，卻早在六十年代有如下的觀察：

> 中國傳統派人士，不論對西化的意見如何，都同意孔子乃中國文化裡的聖人，以及儒學乃中國文化的精髓。然則，如果把球踢到自我蒙蔽而顯然瞧不起西方的儒者那邊，把當時崇尚的儒學說成不是真正的儒學，則一個較全面的改革，不僅止於物質的層次，可說是中國文化精髓的再發現，而不傷及精髓。⓽

⓷　見⓺，頁153。

⓼　見⓭，頁816、817、818、822。

⓽　Levenson, *Confucian China and Its Modern Fate*, v. 1, p. 81.

　　這一段話，無意中透露了康有為釋經的蘊義。不過，康踢出去的球卻遭遇到強烈的反彈。從保守派的眼中看來，將孔子西化之禍，甚於向西方學習；更何況康斷言二千年的政教體制一直在偽經影響之下，無可避免地傷害了儒家的信譽，開了「訂孔」以及「打倒孔家店」的先河。頑固人士固然視康說如毒蛇猛獸，即溫和派，甚至同情變法者如文廷式、翁同龢輩，亦不以公羊改制之說為然，以至於使康戴上「非聖無法」的大帽子，還有人要求以誅少正卯的先例來對付康有為⓵。康之重詁儒學，並未如李文孫所說，導致「全面的改革」，反而引起廣大的爭議、混淆、疑懼，甚至模糊了變法的焦點。這必然是康始料所不及的。

　　平心而論，康並無意將孔子耶穌化，因他明言耶教的聖經既不如佛經，更不如儒家的六經；然則，又何必多此一舉？他也甚明神俗之異，特別指出在西方宗教與科技政藝是兩碼子事，說是「西人學藝，與其教絕不相蒙也。以西人之學藝政制，以孔子之學，非徒絕不相礙，而且國勢既強，教藉以昌也」⓶。由此可見，康之終究要建立孔教，並無意「陰主耶穌」，而是希望能給近代中國提供一個精神支柱，起積極作用。他的用意無非是要借重西政西藝以圖強，以儒為教的目的原是以儒變法。他說他在儒家經典中發現了「非常異義」，當然其中也參雜了不少他自己的異義。從創造的詮釋論而言，康之強加己意，未嘗不是「一種具有獨創性的詮釋學洞見與判斷，設法掘發原思想體系表面結構底下的深層結構出來」⓷。從此觀點視之，便不能視康為純粹的或傳統的公羊派學者，而是一個有

⓵　參閱汪榮祖，《晚清變法思想論叢》，頁107–113。

⓶　同⓭，頁820。

⓷　傅偉勳，《從創造的詮釋到大乘佛教》，頁33。

創意的哲人，欲借公羊之帆以駛變法之舟。至於說康之創造性的詮釋，到底重振了儒學抑是毀了儒學，則屬另一回事。不過，從事後看來，應是毀多於立。他心在變法，卻不自覺地動搖了儒家的根基，觸動了思想革命。換言之，康重詁儒學原是為了變法，然而他詮釋出來的蘊義，並不受制於其原來的意圖。事實上，他的哲學詮釋所產生的後果，與他的本願相差甚遠。不過，我們不能以後見之明，忽視康當時的真正關切和企圖，他一心一意要追求的，就是要託儒改制，難以想像到後世的影響。

康有為於馬江之敗後，立志變法；時代的危機顯然是促使求變的動力，如何來應付三千年未有之變局，不僅需要而且緊迫。他要改變中國的企圖心是毫無可疑的。他的《偽經考》意在打破舊權威，之後又花了五年寫成了《孔子改制考》，則意在建立有利於改革的新權威。他無疑利用了孔夫子的權威，甚至把孔聖人打扮成改革派；不過，所謂改制，意指制度上的改變。康在此書中，並未如李文孫所言，把孔子說成「是那個時代裡的進步分子，不是保守派」❸，康的真正意圖是要證明孔子是他那個時代裡，一個偉大傳統的創始人，而非歷史受授人，亦因而認為六經之前沒有可靠的文字紀錄，秦之前沒有詳盡的信史，故夏商周三代事跡難考，更不用說渺茫的五帝了。康於是把中國上古史比作《聖經》裡的伊甸園故事或日本的神武傳說；在他看來，都是一樣的無稽，所謂「太古之事已滅，若存若亡，若覺若夢，可為三古茫昧之據」。他因而認為既無參驗，便不可信據❹。他真正的興趣並不在疑古或追求信史，而在辯說上古三代的良法美意，並不是真正的歷史，而是孔子的創制。康認為

❸　同❸。

❹　同❸，冊2，頁6-7；另參閱同冊，頁3-13。

孔子固非唯一的創制或創教者，先秦諸子以及印度的婆羅門教士和希臘古代哲學家蘇格拉底，都是學派與教派的開創人，而創教的目的莫不在改制，冀對當時和後世有所影響❹。

　　為什麼孔子和其他教主都要託古改制？康有為的解釋是，常人莫不喜歡厚古而薄今，因而需要「用遠古來征服近古」(turned to the distant past to conquer the recent past)❹，需要借用聖賢的話來宣揚自己的學說。康氏指出，先秦諸子學說都為了改制。如孔、墨俱稱堯舜，而所稱迥異，使得韓非不知何所適從，足證孔墨所稱引者，並非信史，故有異同。孔墨不過是各自在創立不同的學說罷了，其他創教者亦莫不是如此❹。康有為顯然在任意裁定古史，以應其哲學詮釋與政治改革之需。

　　康有為直言，劉歆把周公視為儒教的開山老祖，因而模糊了孔子改制的真相。他指出《禮記》中的〈儒行篇〉，就是孔子為儒者所制作，猶如佛家的戒律或基督教的十戒，益知儒為孔聖人自創。他更進一步說，孔子自創的儒教像基督教和回教一樣，不為一時一地，而是為全人類設想的❹。他又將儒服比作佛徒的袈裟，都是在表現各教的尊嚴，衣冠整齊的儒者若言行不一，無異於穿袈裟而犯戒律的和尚，也就是君子儒與小人儒之分。他還引用墨子攻擊儒家喪服與三年喪之說，以證明喪制原非古已有之之制，而是孔子的創制，因墨子不會去攻擊他所崇尚的古制。總之，康有為強調不論是

---

❹　同上，頁17、58；另參閱頁17–55，冊3，頁404。

❹　恰合蓋彼得(Peter Gay)語，見氏著 *The Enlightenment, an Interpretation*, p. 269。

❹　同❽，冊2，頁81–83、118、119。

❹　同上，頁264–265、269、275。

釋迦牟尼或孔子，凡聖人創制必重視其信徒們的儀表，講究衣冠，儒者自不能例外。孔子也就無疑是創教的教主了❹。

康更認為孔子是一個很特殊的創教教主，因從公羊素王之義，可知孔子生於周之衰世，有心救時，應天命為後世創制作法。孔子作《春秋》也就是為了改制，而改制也就是孔子的「隱志」。就此而言，聖人足可以王者自居❺。實則，自戰國至後漢八百年之中，孔子一直被尊為王者。康認為古籍中的新王、文王、聖王、先王、後王，都指的是孔子，因孔子以王者的地位作《春秋》，示王道，承周統改制，為萬世立法。然而，劉歆卻以周公代孔子，遂破壞了以孔子為教主的傳統，致使與君統共存的師統，無以為繼，卒令二千年帝制中國，君權獨大，儒教式微，民生凋敝。若然，為了救時唯有復興儒教，以重建失去的精神權威❺。

康有為認為，漢儒董仲舒最能理解公羊大義，因能從公羊通《春秋》，從《春秋》通六經的精髓，故也最明白孔子創教與制法，因而能建立知識和道德價值的「大道」。董不僅幫助漢武帝獨尊儒術，確定孔子創教的崇高地位，而且最能統合孔門七十子的「口說」，使寶貴的公羊微言，口口相傳，不至於及身而絕。宋之名相王安石，即因不知春秋大義，故譏之為「斷爛朝報」。康謂若儒者皆如王安石，則儒家必亡；欲明聖人大義，必須通讀董書。康以董書為開啟儒教真義的金鑰匙，以董為海上航行的領航員，因而董在儒家傳統

---

❹　參閱同上冊2，頁283-284、289、290、291、306、314；冊3，頁402、404、405、455-456、613、505-550、576-589、605-611、613、616。

❺　同上，冊3，頁436；冊4，頁203、206、217、576、577。

❺　同上，冊2，頁322-331、337、338、340、312-313；冊4，頁181、186。

之中，即孟、荀亦難匹比。此乃康特撰《春秋董氏學》一書的緣起，
有曰：「微董生，安從復窺孔子之大道哉？」❷康之尊董，真可謂孔
子以下一人而已。

康承襲董子所謂，新王為新時代制作之義，強調孔子於結束周
統之餘，為新紀元設計了整套的制度。康既以改制見諸六經，則六
經必是孔子所著，亦因而宣稱六經乃儒教的聖經，也可與佛經相比，
都具有神聖的色彩。事實上，唯有聖人親手寫的書，才能稱之為經，
一般儒者之書只能稱之為傳。然而，從大唐到朱明，由六經而九經，
而十三經，甚至十四經，在康看來，都是不恰當的，故堅持只有六
經，除了聖人之外，無人可以增添經書❸，以肯定經書的神聖性格。

對康而言，肯定孔子乃六經的作者，十分重要，因非如此不足
以說明，六經是載道之書，而非古聖賢王的言行紀錄。孔子像其他
教主一樣，不過是用古聖賢王的言行，來充實他的學說，支持他的
理論。故當孔子在經書裡稱頌堯舜時，並不是讚美古史，而是為後
世改制作法。經書裡寫到周文王的治道，也非政治史，而是聖人為
其理想的政體，提供一個範例，可於最後到來的太平世之前實施。
康如此詮釋，在在要強調孔子託古是為了改制的心意❹。

在康有為的心目中，孔子甚善於託古；在我們的心目中，康也
極能託孔夫子與董仲舒之言求變法。康以孔子為創教的教主，以董
生為孔子制作的宣揚者，實際上已借公羊之名，而倡其個人的變法

❷ 董仲舒的地位，因乾隆時經今文復起，又重獲肯定，閱周桂鈿，《董學探微》，頁392。在康之前，魏源已高度讚揚董氏，見魏之《董氏春秋發微》，載《魏源集》，冊1，頁135。

❸ 同❽，冊4，頁192–193、293、391、392、393。另參閱冊3，頁94–430。

❹ 同上，冊3，頁394、429、432、451、460、462。

思想，略同聖人之託古改制。康聲稱孔子改制，僅立大綱，盡可由其門徒充實內容。此意乃指：後世儒者也大可增益儒教，以推陳出新。這未嘗不是說，康以儒者的身份，也可為公羊學之骨增添血肉。然則，他於詮釋儒學之際，任意參照近代西方的社會達爾文學說與女子平權思想，也就不足為奇了❺❺。更重要的是，他受到近代文明的影響之餘，為了時代的需要，突現而且發展了若干公羊學中的隱義，特別是將公羊三世之說，演成從專制到君憲，再到民主的政體發展說。此說為他在百日維新前夜，奠定了一個重要的理論基礎。

　　康有為刻意將孔子作為他的變法旅伴，必然是經過深思熟慮的，因儒家思想曾主導中國的政治和社會，長達二千餘年之久。康自身所處之世，雖然世衰道微，但儒學仍然是極大多數士大夫的信仰。一旦孔子可以成為改制的教主，變法的同道，則全國全民自會景然從風，推行新法。康一再說，若能說服皇帝變法，則以其大的君權雷屬風行，無事不成；同理，以孔子其大的影響力，亦可促使舉國傾向變法。不過，康之想法與實際情況頗有距離。在政治層面，康最後雖得光緒皇帝見聽，但因慈禧的陰影，不能施展皇帝應有的權力。光緒立志變法，反而造成兩宮不和，結果是未見其利，已蒙其害。在思想層面，康之以儒變法引起極大的爭論，甚至強烈的反彈，把儒教建成變法之教，並不成功，更是似乎有害而無益了。

　　《新學偽經考》於光緒十七年(1891)出版後，曾連出五版；但是不久康就被控污蔑劉歆，欺世盜名，以及叛逆聖教之罪。三年之後，清廷特召兩廣總督李翰章查問此事；翰章則請經學家李滋然審閱。滋然雖指出書中的錯誤，但不認為有離經叛道之罪；總督李翰章遂要求康自毀書版，而了結此案❺❻。當時朝野正在備戰，無暇深

---

❺❺　同上，冊4，頁77-78；冊3，頁16、371。

究，康氏可謂僥倖得脫。《孔子改制考》的命運並不見得好，於百日維新前夜初版後，不僅未能為變法推波助瀾，反而成為爭論的焦點。保守派攻之，固不遺餘力；不反對變法或有心變法之士，也不以為然。帝師翁同龢指康是「說經家一野狐也。驚詫不已」❺❼。深受光緒信任的文廷式，根本瞧不起公羊學，說「近時講漢學者標榜公羊，推舉西漢便可以為天下大師矣，計其所讀書，尚不如宋學者之夥也」❺❽。其餘如巡撫陳寶箴、總督張之洞，雖在兩湖推行新法，卻因不能苟同康之經說，而不肯合作❺❾。

康有為的哲學詮釋原是為了政治改革，結果無論是具有破壞性的《偽經考》，或是具有建設性的《改制考》，都成了改革的負擔。許多掌權者以及一般士大夫都因康氏經說之具叛逆性，而懷疑他變法的誠意，於是有「不反對變法而是反對亂法」之說❻⓿。最後康黨也是在亂法的罪名之下，遭到鎮壓。這不得不令人感到，康之利用孔子，反而加深了保守派的敵意。此外，他為變法所立的學術理論，顯然與實際情況有不合之處，應是始料未及。按其三世進化之說，當前的變法應推行君主立憲，而立憲須開議院；然而，不僅開議院的政治與社會條件沒有成熟，而且開議院顯然將削弱君權，君權在戊戌變法之年，是太弱而不是太強；若君權再弱，何以推行變法？康有鑒於此，暫時改變主意，於百日維新期中，不主張開議院，更進而提倡君權❻❶。這雖不能說是康的機會主義表現，但多少顯示他

---

❺❻　蘇興編，《翼教叢編》，頁69–72。

❺❼　《翁文恭公日記》，卷34，頁43。

❺❽　文廷式，《純常子枝語》，卷6，頁10。

❺❾　參閱❹⓿，頁120–121。

❻⓿　同❺❻，參閱頁74、82–83、90。

花了大氣力的學理，想學以致用，結果反而給政敵提供了攻擊的彈藥。

從中國近代思想史的角度看，康之公羊學以及對儒學的重新詮釋，雖不利於變法，卻大有利於革命。李文孫就有這種看法，他說「今文學派的確於攻擊時尚的經典之際，成為文化的破壞者，開了文化流失之門；因為經典既然可以懷疑，任何東西都可懷疑」❷。此正是攻擊康氏的保守派所憂慮的。梁啟超也承認乃師的經說，導致對整個古典傳統的懷疑。康雖無意成為解放思想的英雄，卻無心做了思想啟蒙之師。他想要重新發現儒家的真理，但是近代新儒的建立，卻因疑古疑經的風潮而困難重重。他的孔教計劃亦乏善可陳，把孔子神化，事實上更加有損儒家在近代的信譽。

康於晚年極力護孔，抵抗極端主義，並無成效。他因而被新一代的知識分子，譏為反動派或頑固派。其實，五四那一代的學者和知識分子，也有不少承認受到康有為經說的啟發，如顧頡剛說：「自從讀了《孔子改制考》的第一篇之後，經過五、六年的醞釀，到這時始有推翻古史的明瞭的意識和清楚的計劃。」❸顧的話落實了五四疑古派與康有為之間的關係。毫無疑問的，康為了變法而設計的哲學詮釋，無意間卻打開了疑古和反孔的閘門，自此波濤洶湧，餘波蕩漾。

---

❶　參閱 Young-tsu Wong, "Revisionism Reconsidered: Kang You-wei and the Reform Movement of 1898," p. 519、521.

❷　同❸，冊1，頁89。

❸　顧頡剛，《走在歷史的路上：顧頡剛自述》，頁83。

第五章　思想之實踐

　　中外古今的大小思想家多如牛毛，然思想家能有機會實踐其思想者，實如鳳毛麟角。康有為就是鳳毛麟角之一，他於戊戌（1898）百日維新中得到光緒皇帝的重視，變法思想得以實踐。百日維新雖如曇花一現，然而康氏思想在政治上的影響力，餘波蕩漾，直入民國，無疑是極可稱述的思想家與活動家。

　　康有為此一角色不僅使他在青史上留下大名，也使他成為同時代人心目中的風雲人物。然而近年卻有翻案派學者，對康於戊戌年思想之實踐有所懷疑，甚至懷疑康對戊戌變法的重要性。黃彰健早於1970年，已說康是真正的陰謀家而非改革家，說康於百日維新之前，一直採取「雙軌政策」，也就是明倡變法，暗搞革命。不過，黃氏認為光緒召見康之後，康改變了主意，一心要藉君權變法；但是當康黨在湖南的革命活動被揭露之後，又不得不再轉向革命，導致反慈禧的陰謀和政變❶。黃氏還認為康之《戊戌奏稿》極大部分是偽作；康之真奏議不過三十篇❷。黃氏的翻案影響到鄺兆江，鄺

---

❶　黃彰健，《戊戌變法史研究》。

❷　見同書，頁539–660。黃彰健，《康有為戊戌真奏議》。駁黃、鄺之議請閱 Young-tsu Wong, "Revisionism Reconsidered: Kang You-wei and the Reform Movement of 1898," pp. 513–544；汪榮祖，〈翻案與修正

氏在一本英文著作中，宣稱康有為在戊戌變法中的地位與影響都不重要，他絕不是思想和運動的推動者。鄺氏認為，一般歷史學者過於輕信康梁的自述，以及受制於改革或革命觀點的偏見，過高地評價了康有為❸。鄺較黃尤過甚其詞，然兩人皆意在矮化康有為。

翻案未嘗不可，但黃、鄺引人注目的翻案，根本難以定案。鄺說康之戊戌聲名是康梁師弟於事後宣傳出來的，甚至侈言，英國外交官麥唐納 (Sir Claude MacDonald) 不必因於政變前不知康為何許人而抱歉，「因他並無應該道歉的理由」❹。言下之意，康於政變之前原是默默無名之輩，不知道他，宜也。是耶？非耶？最好的辦法還是看看同時代人的紀錄。

浙江士人宋恕(1862–1910)於1894年8月8日給張謇（季直）的信函中提到康有為，說是「嶺表康生，俯視世儒」，未見其人已知其名；同月在另一函中說「廣東康有為畢竟何似，《新學偽經考》未見」，則未見其書已知其人。宋於翌年之春，得與康「晤談半日」，即感康的學問高過張謇，相比之下，「豐潤張幼樵（陰桓），一字未識！」甲午以後，康更加積極參加政治活動，宋由於經說以及政見與康有異而頗詈康：「公車上書中議論可笑已極，其文亦粗俗未脫嶺僚氣，說經尤武斷無理，乃竟能搖動天下，赤縣民愚可謂極矣」，無意之間道出康於1897年之聲名，已能「搖動天下」。政變之後，宋與康梁和好友善，讚賞《孔子改制考》，又無意中於致梁函中提及「公車第一書，更生（康）以此得赫赫之名」❺。在當時一個士

之辨〉，頁383–390。

❸ Luke Kwong, *A Mosaic of the Hundred Days.*

❹ 同上書，頁199–200。

❺ 見《宋恕集》，上冊，頁514、511、526、553、578、602。

人的眼中，甲午以後與戊戌之前，康雖仍是一介書生，由於出版偽
經改制兩考，公車上書，開強學會，無疑已享大名。

宋恕的同門好友章太炎，由於經說政見的不同，亦與康勢若冰
炭，後來章搞革命，更與康成為政敵。然而在章之心目中，康毫無
疑問是戊戌變法的要角。孫寶瑄在1901年6月12日的日記中，留下
這樣一條：

> 枚叔（章）輩戲以《石頭》人物比擬當世人物，謂那拉，賈
> 母；在田（載湉），寶玉；康有為，林黛玉；梁啟超，紫鵑；
> 榮祿，張之洞，王鳳姐；錢恂，平兒；樊增祥，梁鼎芬，襲
> 人；汪穰卿（康年），劉佬佬；張百熙，史湘雲；趙舒翹，趙
> 姨娘；劉坤一，賈政；黃公度，賈赦；文廷式，賈瑞；楊崇
> 伊，妙玉；大阿哥，薛蟠；瞿鴻磯，薛寶釵；蔣國亮，李紈；
> 沈鵬，金梁；章炳麟，焦大。余為增數人曰：譚嗣同，晴雯；
> 李鴻章，探春；湯壽潛，孫寶琦，薛寶釵；壽富，尤三姐；
> 吳保初，柳湘蓮；宋恕，夏增佑，孫漸，空空道人。❻

此一用紅樓人物來評論當世人物，頗為有趣，亦見巧思，尤其
較為熟知的人物，可發會心的微笑。最值得注意的是，章太炎以焦
大自稱，而以康有為比之於林黛玉，至少可以說明在餘杭章氏的心
目中，康氏在變法中之地位以及與光緒皇帝間的親密關係。林姑娘
可是寶二爺的最愛啊！留下這部日記的孫寶瑄乃是李翰章的女婿，
因而與李鴻章也有親戚關係，甲午戰爭時主和，與康政見不一，後
居上海，與章太炎、嚴幾道等人遊，但對康有為的學術以及活動，

❻ 孫寶瑄，《忘山廬日記》，上冊，頁372。

雖多批評，卻甚為重視，屢屢在日記中提及。政變發生後，他於八月初十記道：「朝局大變，康在都為上信任，言聽計從，累更革大政，如變時文，許士民上書，裁冗官，增設農工商局，為守舊黨所不悅，以是買禍。」❼當時的人都認為康是要角，那有可能由康梁於政變之後，在海外憑空宣傳出來的？

　　1898戊戌年的夏天，無疑是康有為一生中最難以忘懷的時刻，變法如火如荼地展開，卻又迅即失敗。康於事後寫了不少歌詩，在這些最能表達感情的作品裡，道出他刻骨銘心的感受，如〈戊戌八月國變記事〉之一曰：「歷歷維新夢，分明百日中；莊嚴對宣室，哀痛起桐宮；禍水滔中夏，堯臺悼聖躬；小臣東海淚，望帝杜鵑紅」❽；晚年在杭州觀看，演戊戌變法的戲，更是感慨萬千，吟了十八首絕句，第一首尤其淒婉：「君臣魚水庶明良，戊戌維新事可傷；廿五年來忘舊夢，無端傀儡又登場。」❾戊戌年的「君臣魚水」，並不是突然的事情；在此之前，康有為有鑒於國難當頭，曾以十年光陰呼籲變法。他的策略是從上而下之變，認為一旦皇上決心變法，便會有舉國從風的效果。所以他不斷上書請求變法，然而他以布衣上書，又何其難哉！不過他鍥而不捨，終於戊戌年獲得光緒皇帝的注意。

　　康有為於馬江敗後，立志變法，自謂：「馬江已敗後，吾憂國危傾；上書請變法」❿，尋又失緬甸，遂於光緒戊子(1888)年赴北京，上書潘祖蔭、翁同龢、徐桐三巨頭，暢論變法救國之道，頗引

❼　同書，頁259。

❽　見《康南海先生遺著彙刊》，冊20，頁277。

❾　同書，冊21，〈康南海詩集補遺〉，頁14。

❿　同❽，冊21，頁745。

起官場的注意。之後，康試遞上清帝萬言書，力陳自強運動以來雖學習西法，但效果不彰，證明舊體制已不足應付新世局，若不及時變更，無以救危局致富強 ❶。此為康上清帝第一書，由於出語直率，無人敢遞，且以康「首創此論，朝士大攻之」 ❷。康並不是批評自強運動之第一人，但確是欲將「此論」直達天聽的第一人。他也不是首先指出三千年變局的士人，然而在他之前，確無人向皇帝要求改變漢唐以來的政教體制，代之以西方式的近代國家。此第一書雖未達天聽，仍發揮了一些影響，鈔本在京師流傳頗廣。帝師翁同龢雖不願代遞康摺，也為康之見識與勇氣所動，亦漸傾向變法 ❸。事實上，康的若干意見被一些官員採納而上奏，康也代一些官員上奏，如御史屠仁守等人 ❹。

　　當康於1895年重返京師時，情勢更有利於變法活動。甲午戰爭新敗，群情激昂，適各省士子又齊集應考，康遂乘機發動公車上書。此書出自康之手筆，故亦稱上清帝第二書 ❺。清帝雖未收到此一上書，但由於公車上書轟動一時，傳抄甚廣。同時，康一試及第，中了進士，雖僅得工部主事小官，至少有了自上奏摺的管道。他修增第二書為第三書，經由御史上奏。今北京第一歷史檔案館藏有此奏原件，收到的日期為1895年6月3日，光緒皇帝見到此奏已無可疑 ❻。此摺最矚目是提出開議院，開議院一議此時已非特別新鮮，在康

❶　收入《康有為政論集》，上冊，頁57–59。

❷　《康南海自編年譜（外二種）》，頁15。

❸　參閱Young-tsu Wong, *Rejuvenating A Tradition*, pp. 121–124.

❹　參閱孔祥吉，《康有為變法奏議研究》，頁20–56。

❺　載❶，頁114–136。

❻　載《歷史檔案》，冊1，頁40–50。

之前，王韜、鄭觀應等人早已提過，但康無疑是向皇帝提出此議的
第一人。檔案資料還顯示，光緒不僅見到此摺，而且予以重視，囑
抄錄多本，要求總督和巡撫們閱讀討論，還上呈慈禧一本❶。

　　康接著於同月上第四書，但為工部侍郎李文田所阻。此時清廷
因光緒親政，甲午和戰之爭，激化兩宮之異，無形中形成所謂「帝
黨」「后黨」之分。帝師翁同龢無疑是「帝黨」的重鎮，以改革進
取為政治資本，與較為保守的「后黨」抗，康亦因而初得翁之青睞。
大約不晚於1896年的7月，康已是翁的人馬，可稱「帝黨」之一員。
康感念翁之知遇，亦屢見於康的詩文之中，如〈懷翁常熟去國〉：

> 膠州警近聖人居，伏闕憂危數上書；
> 已格九關空痛哭，但思吾黨賦歸與；
> 早攜書劍將行馬，忽枉軒裳特執据；
> 深惜追亡蕭相國，天心存漢果如何？ ❶

　　康於詩前序文中，已把詩義說得十分清楚，他因上書不達正要
束裝將歸，力薦他的翁同龢知道後，特於凌晨到南海館留人，康比
之於蕭何月下追韓信。「吾黨」二字出現在詩中，豈非無意中以翁
為同黨，或同為帝黨？再者，政變之後，康於翁死後，寫了長達十
四章的哀辭，推譽「翁公為中國維新第一導師」❶，亦可見翁在康

---

❶　參閱 Young-tsu Wong, "Revisionism Reconsidered: Kang You-wei and the Reform Movement of 1898" p. 518.

❶　收入《明夷閣詩集》，見❽，冊20，頁271–272。

❶　見❽，冊20，頁583–588。康在祭張鼎華文中，有云：「竹君已往，覃溪為誰？」意謂乾隆年間的戴震，於支持他的朱筠（竹君）死後，還

心目中的分量。翁當然也有他自己的打算，蕭公權之研究已指出，翁早有意在他的領導下，進行變法，並已在他門下聚集了不少有志改革的年輕人，諸如陳熾、湯震、張謇等等❷。翁後來憂慮康之變法過激，或懼康後來居上，越俎代庖，因而有所阻攔，卒遭罷斥，這是後話。

康就在翁的支持下，發動了北京強學會，極大多數成員都可說是「帝黨」，被認為是「后黨」的李鴻章，想加入而被拒，最為明顯。強學會正因其明顯的黨見，授保守派以口舌而遭禁❷。康因創強學會而得識張之洞，因張之資助而出版《強學報》。不過張雖有心贊助變法，但深惡康之說經。當張欲以作為資助的條件，被康斷然拒絕，以至於《強學報》停刊，以及上海強學會胎死腹中。康有為南旋後，完成了《孔子改制考》與《春秋董氏學》。此二書不再從事偽經考那樣的負面攻擊，而注重如何建立以儒變法的理論。這種理論似乎頗具「道德傾向」（moral quest）❷，但實際上無疑是為了變法的政治目的。康固見及以儒變法之利，但利到何種地步，非其始料能及。他似乎並未考慮到，說經所引起的爭論，可能導致保守派更強烈的反抗。結果康創造的新孔子果然疏離了許多人，包括張之洞在內。就此而言，以儒變法的利弊，或許值得進一步探討❷。

康有為當然覺察到，來自四面八方的抨擊，但並未重視，因他

有提拔他的翁方綱（覃溪），而今康於張鼎華死後，誰是他的「覃溪」？他的覃溪竟是翁同龢，可謂巧矣！

❷　參閱蕭公權，《翁同龢與戊戌維新》，頁66-67。

❷　參閱王栻，《維新運動》，頁267-274。

❷　見Chang, *Chinese Intellectuals in Crisis*, p. 65.

❷　參閱汪榮祖，〈戊戌變法失敗的思想因素〉，頁146-151。

深信，一旦皇帝決心變法，無論何種困難都可克服，抨擊又算得什麼？所以他繼續上書清帝。第五書即於膠州灣事變後遞上。此疏對傳統政制的批評較前更為劇烈，他認為非仿效包括國會在內的近代國家體制，不足以救亡。他更要求光緒效法彼得和明治，昭告全國變法之必要❷。此疏雖由於讀來有危言聳聽之嫌，未能上達天聽，然抄本流傳頗廣，流傳的還有丁酉(1897)木刻本，北京圖書館藏有。

康有為深知，危機可為變法提供契機，故自甲午以後，不斷上書，以危機來強調變法的必要。不過在當時的體制下，若無重臣的牽引進入權力中心，仍難影響政策，達到自上而下變法的目的。在推薦康氏的許多人之中，翁同龢無疑是最重要之人。終於在1898年的1月24日，得與李鴻章、翁同龢、榮祿、廖壽臣、張蔭桓五大臣會面談話❷。這一席對話，康鋒芒畢露，必然給五大臣留下深刻的印象（無論是正面還是負面）。 康又於數日內據此談話內容，寫成上清帝第六書，要求效法明治天皇，下詔變法，開制度局，以統籌全局。今知內務府不僅收到此疏，而且謄錄副本，光緒並有御批，要求總理衙門討論此疏。第六書的主張，復在同年4月和6月進呈的《日本變政考》一書中，大加發揮。光緒見到此書已無可疑，因進呈之原書已在皇帝的書房昭仁殿中發現。康於這些文字中，已明確提出全面革新政治體制的計劃❷。

不過，第六書已不見「開議院」的主張。這是否代表康氏思想

---

❷　收入❿，頁207、208。

❷　見⓬，頁37、36–37。

❷　參閱⓱，頁520–521。在故宮發現的是第二次上呈的十二卷本，全文經校訂後，收入黃明同、吳熙釗主編《康有為早期遺稿述評》，頁104–171.

的轉變呢？黃彰健就認為康突然從主張民權變為主張君權，以落實康是一機會主義者❷。其實黃氏誤解了康之思想和用心。康於百日維新期間所呈《日本變政考》一書中，對明治憲政推重倍至，並不曾顯示思想的轉變。他自第六書起，不談議院，乃因實際的政治情況，不宜於開議院，甚至有礙自上而下的變法。他原來的計劃就是想藉帝王雷霆萬鈞之力，推行變法維新，如在要求「通籌全局」一摺中說：「人主有雷霆萬鈞之力，所施無不披靡。」❷然而當時光緒皇帝的權力，在慈禧的陰影下，顯得十分脆弱，一旦開議院，將更加削弱君權。於是，康雖一貫主張民權，但在戊戌變法期間為了推行變法，又不得不加強君權。暫時不談議院，正因為此。這只能說是一時策略的應用，並不是什麼機會主義。戊戌變法失敗之後，康回到一貫的民權主張，也是順理成章之事。

　　康於1898年初，已從廣泛地要求變法到提出具體的建議，他常用別人的姓名上奏，既談外交，也談內政，如他以御史宋伯魯之名，奏請設議政局，以統籌變法❷。然後他於同年的2月28日，上了第七書，再度強調以君權來變法的重要性，因而除抬出明治天皇外，又進呈了《俄羅斯大彼得變政記》，為光緒示範❸。

　　戊戌恰恰又是列強圖華日亟之年，康有為遂於該年4月12日創設保國會於京師，並擬設分會於各省，呼籲中國領土完整，避免瓜分之禍，為此則中國非變法不可，然則保國會亦為鼓吹變法而設。

----

❷　見❶，頁208–222；另閱黃彰健，〈拙著戊戌變法史研究的再檢討〉，頁
　　731、747。
❷　見⓫，冊1，頁277。
❷　摺文見⓫，冊1，頁227–229。
❸　收入❽，冊10，頁1–336。

黃彰健一再說，康保的國是中國，而非大清❸。其實，按照傳統的用法，國原指朝廷；康心目中固不僅僅有朝廷，然而在變法的大前提下，要保國、保民、保教，非保大清不可。如果說保國會已具近代政黨的雛型，其為改革之黨或帝黨，而非革命之黨，實甚明白。但是由於傳統忌諱士人結社，雖以保國為名，仍不免因保守派的打壓而無疾而終❷。不過，會雖散，康領導的變法運動仍然持續發展，尋因德軍損毀山東孔廟，群情激昂，正好乘此愛國情緒、危機意識，作進一步的變法訴求，康門弟子曾率眾至都察院投遞請願書❸。

1898年6月1日，康以楊深秀之名，遞上〈請定國事明賞罰摺〉，提出「非定國事，無以示臣民之趨向；非明賞罰，無以為政事之推行」❹，直截了當要求皇帝拿出決心來變法❺。他又於6月8日以徐致靖之名，上了〈請明定國事書〉，再作敦促❻。然而謹慎的恭親王一再告誡，不可改變祖制，對皇帝形成壓力。5月30日的恭王之喪，推動變法的阻力頓減❼，康更及時上書翁同龢，請抓住機會變法❽。終於在6月11日，如康有為一直期盼的，光緒皇帝下詔變法了。此舉揭開了百日維新的序幕。慈禧最初並不反對變法，否則光緒可能

---

❸ 黃彰健，〈拙著戊戌變法史研究的再檢討〉，頁759。

❷ 參閱湯志鈞，《戊戌變法史》，頁197–248。

❸ 參閱⓮，頁315–342。

❹ 見⓫，上冊，頁243。

❺ 此摺存檔，故知進呈不誤。其詳請閱⓱，頁523。

❻ 此摺亦由徐上奏，文見⓫，上冊，頁258–260。梁啟超與汪康年書中曾提及之，見丁文江編，《梁任公年譜長編》，上冊，頁57–58。原摺今仍存舊檔。

❼ 參閱蘇繼祖，〈戊戌朝變記聞〉，頁332。

❽ 見⓬，頁40。

也下不了詔，如康所說：「上時決意變法，使慶邸告西后曰，我不能為亡國之君，如不與我權，我寧遜位，西后乃聽上」❸，可見光緒是在慈禧授權下變法的。但是6月15日卻發生了翁同龢罷官事件，翁是光緒的親信，很容易被視為保守派的陰謀。康也認為罷翁是慈禧的主意，顯然忘了翁於罷官前曾要康離京之事。翁最初力薦康於光緒之前，然而當光緒在康之影響下日趨激進，則又欲抑之，以至於造成與皇帝之間的不和。葉昌熾和張孝若都不約而同提到帝師之間的嚴重齟齬，並對翁之罷官不以為異。近代學者也大都認為翁為光緒所罷，如蕭公權所說：「翁的日記顯示，他雖不反對康氏所領導的變法，但他卻早已不再像他在元月16日所表現的那麼熱烈的支持變法了。他為變法所作的最後一件重要工作是起草6月11日的詔諭，從1月16到6月15日之間，他一再招惹光緒的不快，而於5月27日他再度貶損康有為時到達高潮」；蕭氏認為，翁鼓勵光緒變法和推薦康於前，卻又阻變法詆康於後，乃罷翁之主因，硃諭斥翁「任意可否，喜怒見於詞色」，意即在此❹。今清檔中仍存有此一硃諭原件，顯然出自光緒親筆。然而近年出版的劍橋中國史仍謂，翁在慈禧一派的壓力下被迫離職退休。翁退康進顯然是一關鍵。光緒於翁離開後一日即召見康，亦非偶然。不過對變法大局而言，此一事件無疑是不幸的，不能不說是帝黨內部一個嚴重的分裂，減弱了帝黨的實力。康有為的明快與堅決，固有助於變法的開展，但在聲望與實權上都一時無法取代翁同龢；如果翁能與康繼續合作，共同輔佐光緒，戊戌變法的成功率可能要高得多。

　　光緒皇帝於1898年6月11日下詔變法，揭開了百日維新的序幕。

---

❸　同上。

❹　見❷，頁119。黃書第四章討論翁對康態度的轉變甚詳。

康不斷上奏提示意見，有許多奏摺署徐致靖、宋伯魯、楊深秀等人
之名，實皆出康之手筆，要點不外強調變法既開，必登用能夠執行
變法之人，並嚴賞罰，以激勵官府。康一貫想以帝王之力來推動變
法，然而推動是否著力，仍要看整個官僚系統能否配合。康急盼變
法有成，並不諱舉門生同志，甚至自己。徐致靖的薦康書很可能由
康本人或梁啟超所起草。光緒即迅據徐摺於6月16日在頤和園召見
康有為。召見之後，康被任命在總理衙門行走。此一官位不大，此
後光緒又未再正式召見康，以致引起近人鄺兆江對康戊戌角色的質
疑。鄺又發現康的戊戌奏摺只有十三摺，其中只有三摺被採用，六
摺部分被採用，其餘皆落空，因而他指責戊戌奏稿的編者，大大地
誇大了康氏戊戌奏折的件數，並進而響應了黃彰健的說法，即1911
年出版的戊戌奏稿大都是偽作，於是鄺斷言康在百日維新中的影響
以及康與光緒間的關係都被誇張了❹。

　　但是康在戊戌變法中的重要性難以一筆抹殺的。論資歷與地
位，康絕對無法取代翁，然光緒破例召見初出茅廬的康有為，並不
尋常，仍是因為對康之上書印象深刻，甚至不惜與帝師鬧翻。而此
破例的召見又長達二個半小時，據康之自述，他與皇帝之間對「非
變法不可」的認知，是完全一致的。康又當面要求廢八股，此一在
當時具有震撼性的建議，也得到光緒的首肯。更重要的是，二人都
認識到，佔據高位的守舊大臣是變法的最大障礙，康的建議是不理
會守舊大臣，破格擢用小臣❷。此建議實為變法提出一種戰略，由
於傳統官僚體制按「資格轉遷」的限制，守舊大臣難去，有為小臣
難進，唯一的辦法就是架空阻撓變法的大臣，將實權給與能夠推動

---

❹　見❸，頁195-196、197、200。

❷　參閱⓬，頁41-44。

變法的小臣。後來光緒重用軍機四章京，不理會軍機大臣，就是此
一戰略的落實。

　　光緒於召見之餘，特命康經由總理衙門上書。這是暢通訊息的
管道，實比官位更為重要。康於戊戌之夏與皇帝之間管道的暢通，
是無庸置疑的❸。事實上，提供意見乃是康在百日維新期間最大的
貢獻，康亦自稱「晝夜編書，不能赴總署當差」❹。康於百日之間
上呈了大量奏摺與書刊，並非口說無憑，今已可由宮中檔案得到證
實。據初步估計約有七十件之多。實數可能更多，因許多以他人之
名所上之疏，尚待證實。然即以七十件而言，已遠遠超過鄺氏認為
誇張之數。宮中所藏《傑士上書彙編》十八篇中之七篇為學者前所
不知的，光緒帝稱康「傑士」，也可略見對康之尊敬與重視。康所
上書刊，大都有關外國變政的歷史經驗，諸如《俄彼得變政記》、《日
本變政考》、《列國政要比較表》、《波蘭分滅記》等。他還上了極具
爭議性的《孔子改制考》。康於百日之間的大量進書，可以證實康
自言：「自召見後，無數日不進書者」，以及「新政之旨，有自上特
出者。每一旨下，多出奏摺之外，樞臣及朝士皆惘然不知所自來，
於是疑上諭皆我所議擬，然本朝安有是事？唯間日進書，上採按語，
以為諭旨」❺。這二段話也說明了，康如何於戊戌之夏影響新政的
「秘密」。

　　戊戌新政的內容似乎遠較康之政治思想溫和，特別是康一貫主
張的民權與議院均不見之於戊戌變法，然則康主導變法又成了疑問。

---

❸　論證見❿，頁526。

❹　同⓬，頁45。

❺　同上，頁47。戊戌奏議74件以及進呈編書序七篇已收入新出孔祥吉編
　　著《救亡圖存的藍圖：康有為變法奏議輯證》。

其實，暫時不談民權正是康之策略，因他寄厚望於光緒，而光緒在戊戌變法時，其君權太弱而非太強，若再講民權，立即開議院，將更加削弱君權，所以他要強調君權，希望光緒能如俄國之彼得，日本之明治一樣有權威，使變法有成。一旦變法有成，君主立憲成功，議院勢必召開，民權必會伸張。這種務實的策略運用，並不代表信念的改變。所以在政變之後，他又回到他一貫的民權與議院主張。

康於召見後一日，即以宋伯魯之名，提出將漢唐體制（傳統帝國）轉變為西方國家體制的必要。為了統籌此一轉變，更有設立參議局（康於別處稱制度局，或議政局，應係同義詞）的必要，庶令大小官員，有所遵循，他因而建議派遣滿員和高官出洋考察，以熟悉近代世界。若有人拒絕改革，則須作必要的懲罰。康因而又有御門誓眾的建議，這樣變法的中心才能鞏固，舉國便可從風，而此尤賴皇上的勇氣，及其應有的雷霆萬鈞之力❹❻。

康有為一直認為八股無用，且以為是變法的一大障礙，因由八股所取之士根本無法應付時務。他早於甲午之年就已公開主張廢八股，於光緒召見時又提及之，甚至直言八股乃中國落後的原因，由八股錄取的官員根本不能執行新政，也就是說舊官僚無從使新政府運行。不久康又以宋伯魯和徐致靖之名上疏，三復斯言❹❼。光緒果然毅然下詔廢八股，代之以策論❹❽，不能不說康起了決定性的影響。

---

❹❻ 見國家檔案局編，《戊戌變法檔案史料》，頁3-5；北京第一歷史檔案館，戊戌變法專題檔；《康有為政論選集》，上冊，頁261-263。另參閱北京故宮博物院藏《傑士上書彙編》卷2，〈為恭謝天恩請御門誓眾開制度局以統籌大局〉一摺。

❹❼ 閱北京第一歷史檔案館戊戌變法專題檔，《康有為政論選集》，上冊，頁68-71、264-266。

❹❽ 見《大清德宗景皇帝實錄》，卷419，頁5-6。

　　廢八股之後，康把注意力放在新式學堂上，講求實學，並要求鼓勵譯書與留學。這與廢八股一樣，為了改變國人的精神面貌。他在〈請開直省書院為中學堂鄉邑淫寺為小學堂令小民六歲皆入學摺〉❹之中，有具體的說明。他有鑑於國家資源有限，還提出鼓勵私人辦學的主張。依康之見，開議院為近代國家所必須，而新學堂乃開議院之必須❺。光緒遂於7月3日下詔設京師大學堂、官書局、譯書局；又於7月5日按康意獎賞有功創辦新學堂者。7月10日，光緒完全照康的意思，詔令各地書院以及淫寺改為新式學堂，並特別指示將省城的書院改為高等學堂，州府書院為中學堂，縣級書院為小學堂，教學書本該由官書局供應。光緒又於7月底命督撫等地方官，尋求士紳之助，協辦新式學校；再於8月10日詔命開辦農工礦鐵路等專科學校；最後於9月11日重申每一個直省都需要設立農工商學校，在通商口岸則須有更專門的商業學校❺。此外，康所建議的諸如譯書留學官報等，亦為光緒所接納，如7月4日詔命省級學校翻譯有關農學書籍，8月18日命各省選派赴日留學生，9月12日開辦官報。康還向光緒建議引進先進科技，講求專利，鼓勵私人興業，為皇帝提供了近代資本主義的概念。光緒對這些建議的反應不僅肯定而且興奮，如專利法即於7月13日詔命實施❺。在短短的百餘天內，光緒即欲將康之主張完全付諸實施，亦絕無可能；然而在如此

---

❹　此原摺存檔中，收入《戊戌奏稿》之〈請開學校摺〉顯然是據原摺大意寫成，而非憑空偽造。

❺　參閱❽，冊10，頁306。

❺　同❹，卷419，頁13–14；卷420，頁2–3；卷422，頁28–33；卷423，頁3–4；卷424，頁11–12。

❺　同上，卷321，頁6、16。

短時間內，光緒帝屢屢下詔變法，頗多康意，應是顯而易見的❸。

光緒帝尋求一個新的政治架構來推行新法，也展示了康的影響。康於戊戌變法期間一再建議設立制度局以統籌新政。制度局就是新的政治架構，以便架空一時無法取消的舊體制。所以在康看來，制度局實是變法成敗的關鍵。據蘇繼祖說，光緒將此議交總理衙門討論，當保守老臣表態阻擋，龍顏大怒❹，後經慶王奕劻在慈禧的支持下，提出暫緩此議。然而皇帝卻拒絕暫緩，並於7月4日，硃諭軍機大臣與總理衙門親王實力協同覆議，於一週內提出報告❺。在皇帝的堅持下，報告雖終於8月2日上交，但毫無內容，連制度局之名都不提，只要求皇帝在現有的體制內任用賢能。保守派怕被架空亦於此可見。最後在不得已的情況下，康、梁建議重開懋勤殿，代替制度局。懋勤殿因特殊情況而開，既有先例，應少阻礙；一旦開成，未嘗不無舊瓶新酒之效，但此時已逼近政變了。

1898年9月下旬的政變，突然終結了一百零三天的戊戌變法。康有為與政變的關係又如何呢？資料顯示：保守派對光緒銳意變法感到恐懼，唯有設法影響慈禧，以節制皇帝。慈禧原不反對變法，否則也不會有百日維新，但當聽到年輕的皇帝信任非聖無法的康有為亂法誤國，自感有責任干預。據侍講學士胡思敬說，光緒解禮部六堂官之職後不久赴頤和園請安，慈禧當面指責光緒「以遠間親，新間舊，徇一人而亂家法祖宗，其謂我何？」❻慈禧所指「一人」，非康莫屬。遂令頑固派曾廉敢於9月12日，上奏請斬康有為、梁啟

❸　參閱⓱，頁530–531。

❹　見翦伯贊等編《戊戌變法》，冊1，頁337。

❺　見國家檔案局編，《戊戌變法檔案史料》，頁8–9。

❻　同❹，頁376。

超、譚嗣同、劉光第；皇帝雖申斥曾，然已可見保守派氣焰之盛。當光緒與康等極力經營的懋勤殿遭慈禧否決之後，已知推行新政的舞臺越來越小，謠言四起，新舊火併實已迫在眉睫。

康有為於政變之前，已知武力保皇的必要，故嘗有建立御林軍之議，然後於9月11日以徐致靖之名正式推薦袁世凱，由袁部七千精兵組成御林軍❺❼。袁之入京以及被光緒重用，益增保守派的疑懼。同時由於對外政策之異，慈禧傾向李鴻章的聯俄，而光緒則贊同康有為的聯合英美日。當七艘英艦忽於9月初出現在渤海灣，以及伊藤博文之將來訪，很容易被保守派解作裡通外國的陰謀。楊崇伊遂於9月18日密奏慈禧，極力形容危急情狀，指改革派「蠱惑士心，紊亂朝局，引用東人，深恐遺禍社稷」，故「籲懇皇太后，即日訓政」，並指皇帝親信文廷式「外奉廣東叛民孫文為主，內奉康有為為主」❺❽，慫恿慈禧回朝訓政，溢於言表。

光緒欲開懋勤殿不成之後，頗感挫折與悲觀，可見之給楊銳的密詔之中❺❾。皇帝又經林旭諭康有為，囑其赴上海辦報，尋於9月17日下旨令康盡速離京❻⓿。康等至18日始見由楊銳轉交的密詔，均感事態嚴重，尤其是「朕位不保」之語，最為震撼。此一情況很可能促使譚嗣同於當晚去見袁世凱，告急求助。如何助法？袁與政變

---

❺❼　此一〈徐致靖摺〉，載❻❺，頁164–165；另載⓫，頁371。原摺稱〈變換日急宜練重兵密保統兵大員侍郎徐致靖摺〉，今存北京第一歷史檔案館戊戌變法專題檔。檔案中也顯示光緒見到此摺後，立即招袁入京，並於9月16日召見袁。

❺❽　楊摺見❺❺，頁461。

❺❾　此一密詔後由楊銳之子於1909年交還都察院，應係真詔無疑，此詔收入❺❹，頁91–92。

❻⓿　收入❺❹，冊2，頁97。

後的官方都說，譚要袁遵旨殺榮祿包圍頤和園。康在自編年譜中只承認欲殺祿，但否認有圍園的陰謀，顯然有政治考慮。不過，梁啟超於1908年寫給康有為一封密函，要求康不要將戊戌密謀告訴執政王載灃，已可證實「殺祿圍園」的陰謀❻。畢永年〈詭謀直記〉一文的出現，更知康曾邀會黨人物畢永年（亦譚嗣同之友）於9月12日入京，要畢參加袁軍，待機擒殺慈禧，後於康南下後一日離京❻。同日政變正式爆發。然則，康黨陰謀的暴露顯然是政變的直接導火線。

今由宮中檔案知，慈禧早於9月19日回宮，光緒已形同傀儡，21日宣布重握政柄，以光緒之名下旨捉拿康黨❻。孫寶瑄當天的日記所載頗傳神，亦合今日考史之真：

（八月）十七日[1898, 10, 2]，雨，覽報紙，上諭宣布康有為罪狀，始知有結黨謀徙置太后事。蓋先欲剪除太后黨羽，故撰密旨，令袁世凱擒榮祿，即以新軍入都移宮。袁不從，以告榮祿。榮密奏太后，太后震怒，故降旨嚴拿。❻

在當時人看來，無論同情或憎恨變法，都視康為要角。康幸於前一日離京，但隨即派艦追捕，並以謀害光緒之罪加康，若非上海英國領事之助，康必如六君子血灑菜市。康雖脫逃，慈禧猶不甘心，

❻ 此函收入蔣貴麟編《萬木草堂遺稿外編》，下冊，頁861。
❻ 此文發表於《近代史資料》，63期，頁1-4；參閱楊天石，〈康有為謀圍頤和園捕殺西太后確證〉，頁3。
❻ 見❹，卷426，頁9-10。
❻ 同❻，頁261。

命粵撫李鴻章搗毀南海康氏祖墳。慈禧嫌怨之深，足見在她心目中，康涉入之深。

總之，康有為與戊戌變法以及政變關係重大，乃是不可抹殺的事實。這 1898 年是康氏一生的最高潮，他以一介書生，工部主事，竟能鼓動風潮，促成維新。維新雖若曇花一現，但在歷史上留下了轟轟烈烈的一幕。

附錄　翻案與修正之辨❻

美國《亞洲學報》1992 年 8 月號，發表拙撰〈翻案重估：康有為與戊戌變法〉長文❻。我寫此文，乃有鑒於近年來，有二位作者——黃彰健與鄺兆江，出版了對康有為與戊戌變法研究的翻案文章。黃氏認為康有為是一「作偽者」，既要革命又要變法的陰謀家，不是真正的維新派，而鄺氏更進而認為康有為並非戊戌變法的要角，《戊戌奏稿》大部分是「神話」，康、梁得享盛名是政變之後宣傳吹噓而來。這些已不是什麼修正舊說，而是截然的翻案了。

翻案未嘗不可，但須經得起驗證。其實翻案頗能「討好」，不一定是「譁眾取寵」，至少可令人「耳目一新」，西方學界尤其如此。鄺兆江的書是用英文寫的，由哈佛大學出版社經銷，頗引起美國漢學界的重視。黃彰健雖是翻案的始作俑者，但因原書未經翻譯，在西方學者中知者反而較少。我的論文既用英文寫作，主要批評對象

---

❻　本文原載《漢學研究》，第 11 卷，第 2 期。其內容可以補充本書第五章所述，故附錄於此。

❻　見 Young-tsu Wong, "Revisionism Reconsidered: Kang You-wei and the Reform Movement of 1898," pp. 513–544.

實係酈氏而非黃氏。

酈氏讀拙文後已有回應，他的回應文和我的答覆文同時刊登於1993年5月份的《亞洲學報》上，讀者可以覆案❻，在此不必贅述。黃氏的回應則載於1993年3月15日出版的《大陸雜誌》上，題目是〈康有為與戊戌變法——答汪榮祖先生〉。黃文一本其廿餘年來一貫的說法，研究近代史的學者大都耳熟能詳，謹再費一些筆墨，陳述我難以苟同的原因與理由。

黃彰健自1970年出版《戊戌變法史研究》，到1993年發表〈答汪榮祖先生〉文，始終斷言康有為之《戊戌奏稿》中，僅一疏一序真實可信，其餘廿三篇都是假的。我們不能不懷疑黃先生的真假觀與眾不同。所謂「真」，應是「實」，「假」是「虛」，如果辛亥年出版的奏稿，沒有戊戌的根據，完全是無中生有，憑空捏造，乃可謂之虛偽。例如《戊戌奏稿》中有上清帝第六書，若戊戌變法時並無第六書，則第六書乃偽造，然而第六書不僅奏上，且有檔案可據，則已確實無疑，而黃氏竟謂宮中的第六書為真，奏稿中的第六書為偽。同一書而文字有異，顯是不同的版本，無所謂真假。拙文即曾指出有許多可能性，如根據不同的底稿，或因底稿遺失憑記憶補寫等等，並無真假的問題。康有為於戊戌變法期間所上奏摺，今知可多達七十篇。他何必如黃彰健所說，偽造廿幾篇以「美化自己」？再說康有為於戊戌當年進呈大量奏議，事隔十餘年，於辛亥時輯遺，反而稱之為「稿」，已明言非原來的奏摺。黃先生謂之「詭辯」，並引麥仲華所撰凡例為說。但是麥氏明明說：「戊戌數月間，先生撰奏摺都六十三首」，而黃氏竟謂：「他們正是說康這些奏稿曾經進呈」。黃先生曾公然說「奏議」與「奏稿」是同義互通的，殊不知

「奏稿」是不能進呈的，凡進呈給皇帝的必稱「奏議」或「奏摺」。有趣的是，黃氏印《康有為戊戌真奏議》卻不稱「真奏稿」與他所謂的「假奏稿」相對。是知黃氏內心亦知有異，祇是不願明說而已。

　　奏稿與奏議在文字與語句上的差異，並無多大意義，奏議進呈之前的奏稿，往往傳鈔甚多，經師友門生改易亦屬意料中事。康等至辛亥輯殘，情況固然特殊，但奏稿與奏議文字異同絕非康氏特例，實屢見不鮮，翻閱曾國藩的奏摺便知。難道曾氏稿、議之間有異文，亦屬真假之別？近在友人處偶見董其昌〈小赤壁詩〉真跡，與董氏《容臺集》所錄，不僅字句有異，如真跡謂：「赤壁安得小」，而集中云：「赤壁何當小」，而且還有增刪，甚至有整個改易的句子，如真跡有句：「雖無須殊寬，未可培塿眇；而我遊富安，何曾陵縹渺」，《容臺集》無之，僅代之以「而我遊齊安，何綠淩窈窱」。如果按照黃先生的真假觀，豈不是董氏《容臺集》收錄了一首偽詩嗎？這種辨偽能否成立呢？

　　當然，康氏戊戌奏稿與戊戌奏議之間還有一些見解上的異同。這是值得注意的。孔祥吉曾作過比較研究，發現最主要的差異是，康有為在百日維新期間不主張立憲、開議院或國會，顯然和他一貫的政治主張背道而馳。包括孔祥吉在內的大陸學者因而認定，康有為在保守派的壓力下，作了妥協，表示退卻。黃彰健則認為康氏得光緒寵信後，棄民權而擁君權。其實，若分析一下當時的文獻便知，康有為並沒有拋棄一貫的政治思想與戰略目標。於百日維新期間，二度進呈《日本變政考》，一再強調議院為「泰西第一政」，祇是認為當時的情勢不宜立憲法、開議院，乃作戰術上的調整。此並不難理解。因光緒下詔變法後，變法的成敗端賴君權的鞏固，須自上而下雷厲風行，庶幾變法有成；而當時光緒的君權，在慈禧太后的陰

影下，是太弱而非太強。當急之務自然是加強君權，希望光緒能乾
綱獨斷，而不必立即立憲開國會來分散君權。變法一旦成功，立憲
與議院或開國會，乃勢在必行之事。此點苦心，當時人或多不解，
今人以公心讀史，豈能不識？康有為於辛亥年出版的《戊戌奏稿》，
加入立憲與國會的議見，不過是回到他一貫的立場，因政變之後，
戰術上的調整已無必要。由此而言，黃彰健認為是偽造的《戊戌奏
稿》， 反而比戊戌奏議更能代表康氏真正的政治思想。是以研究康
有為的政治思想，《戊戌奏稿》仍是重要史料。不過研究百日維新
時期康之建議，自以新出的《傑士上書彙錄》更為「原始」，斯乃史學
研究的初階，而黃氏居然說：「汪榮祖寫"Revisionism Reconsidered"
一文，論康在戊戌年進行的改革，即不引康《戊戌奏稿》， 而僅徵
引《傑士上書彙錄》。凡經我指出係康偽作的，他都不敢引用。」這
話教人從何說起呢？

　　黃氏辨偽不當的具體例證， 可見之於他所謂真偽第六書中的十
二局名稱之異。他所說「真摺」的十二局是「法律、稅計、學校、
農商、工務、礦政、鐵路、郵政、造幣、遊歷、社會、武備」； 所
謂「偽摺」的十二局則是「法律、度支、學校、農、工商、鐵路、
郵政、礦務、遊會、陸軍、海軍」。這十二局名稱皆仿自西方制度，
尚無定譯，不斷修訂乃意料中事。如將「武備」局修訂為「陸軍」、
「海軍」二局，顯然更勝、更「現代」，而黃彰健竟謂：「應無潤色
更定的必要。」 又說這些不同處，「汪君認為：是由於《戊戌奏稿》
根據不同的原稿、修訂本，及事後所撰，汪君所說是與事實完全不
符的」。 不知黃君說的是什麼事實？如何不符？黃君說我「不肯承
認康作偽」，「是想維護康的形象」，「是不肯虛心認錯，無從善服義
之公心」。須知現代史學早已超越褒貶史觀，更無所謂破壞或維護形

象。至於「虛心認錯」、「從善服義」，正是學術論辯應有的態度，願以此互勉。

黃彰健所謂「雙軌政策」，乃指康有為於戊戌四月以前，一方面遊說變法，一方面又從事革命活動。所謂「雙軌」，應該是平行的，而變法與革命乃相互牴觸的政治活動，是魚與熊掌不可兼得的。孫中山先要變法，放棄變法後才從事革命，從事革命即遭通緝。因革命不能關在屋子裡搞，一定會有明或暗的活動，清廷焉能不知？清廷知孫文革命而追捕之，焉能不知比孫文身份更高、名聲更大的康有為之革命活動而不追捕之？還會讓他一再到京師公然遊說變法？康有為那有如此神通。

黃說雖非空穴來風，但確實是捕風捉影。他先引保守派指摘康有為「保中國不保大清」，以為「證據」。其實保守派祇是指摘「意圖」，並無「實據」。至於文悌所謂：「幸勿將忠君愛國歧為二事，置我大清國於度外」，在當時君國根本不分，文悌所彈何異大放厥辭，難怪經不起梁啟超的一駁。接著黃君又大引章太炎的〈駁康有為論革命書〉為說，以落實康之陰謀，似不知章文並非學術性的客觀駁論，而是極具政治性之戰書，黃不啻以冤家與對頭的供詞，作為入罪的證據，古今中外那有這種引證方法？

更有趣的是，黃君自覺引用「冤家」（保守派）與「對頭」（革命黨）來指摘之不妥，「不易為人採信」，遂謂另有證據。我們須問，明知不妥，又何必浪費筆墨？提供明知「不易為人採信」的證據，乃史學方法之大忌。我們焉能不懷疑，黃君是在不妥的、不易為人採信的成見引領下，去找「證據」的。

論證需要「史料」（source），但即使再原始的史料，亦需經嚴密的論證，才能成為「史證」（evidence），斯亦歷史學之初階。而黃君

見到康有為主張民權議院，以及罵大清國為大濁國等史料，即認為是康氏搞革命的史證，竟不知這些都不構成「革命」的必然條件。我已曾指出，將「濁」變「清」，固然可用革命手段，也可用變法的手段達成；主張民權議院，亦正是君主立憲所必須。黃君今謂我「忽略該秘密書信的上一句『應注意大同國』。依康的哲學，民主共和即太平世、大同世」。黃君若真依康氏哲學，應知康之三世進化說，從據亂世（專制獨裁）、昇平世（君主立憲）、到太平世（民主共和）是緩進的，不能躐等的。未到昇平世，焉能超越到太平世？如果真正理解康之哲學，應知康氏不可能搞革命，甚至於革命成功後還要反革命。黃君不能反駁「主張民權議院的人不一定反清」，竟謂：「要反清，一定要主張民主議院。」這真是「詭辯」，不僅邏輯論證上講不通，亦與事實不符，洪秀全反清，並不曾「要主張民主議院」，「一定」在那裡呢？

黃君一再引用康有為所說：「望在上者一無可望」，指既「無可望」，遂鋌而走險「搞革命」。其實這--句才真正是「門面語」，因事實上康氏一直「有望」，仍繼續上書，以至於被召見登用。如果真的「望在上者一無可望」，召見登用會自動送上門來嗎？至於黃君說，梁啟超「向康推薦譚嗣同為伯里璽適當人選」，更不能證明康有為要革命。按伯里璽（president）一詞，可特指為「總統」或某一組織的首長，亦可泛指領袖，無非是認為譚嗣同是可當領袖的人才。即使梁稱譚為「總統」，亦無關宏旨。民國以後，胡適去見溥儀，稱「皇上」。黃君能據此而謂胡適要復辟、要保中國不保民國嗎？何況康、梁思想有異，實兩氏分合之主因。梁啟超於清季曾傾向革命，張朋園早有專著發其義，毋須再拾牙慧；康、梁思想不能混為一談，更不必細表。

　　黃君列舉康黨欲實行「自立民權」、「湘中可圖自主」,以及「亡後之圖」等等,以為是康黨陰謀革命的實證。這個問題必須從整個歷史背景上去理解。按戊戌前後,中國遭遇到空前未有的列強瓜分之禍,愛國志士其不冀求有所補救。所謂「亡後之圖」,並不是康黨亡清後之圖,而是帝國主義滅亡中國後之圖。萬一國亡,還可保住地方,是以「保國會」之外還有「保浙會」、「保粵會」等等。然則「若各國割地相迫,湘中可圖自主」,並不難解釋,毫無「陰謀」之可言。梁啟超所謂:「乘輿播遷,六飛有駐足之地」,也有了著落,而黃君竟說:「很明顯的係幌子,係開筆襯筆。」再說,所謂「湘中自立」祇是坐而言,至義和團事件起,張之洞與劉坤一居然起而行,實施東南自保,獨立於中央之外,用心相同。按照黃君的說法,豈不是張、劉輩也在搞陰謀革命?或採什麼「雙軌政策」嗎?

　　黃彰健認為戊戌政變的爆發,乃因梁啟超〈時務學堂批語〉被曾廉告發,康黨無法辯解,為了自保,「於是他們的政策就由『以君權雷厲風行』,設制度局,和平地掌握國家大權,一轉而為鋌而走險,想利用軍隊來奪取政權了」。黃君為了自圓其曾廉告密說,不惜作毫無根據的假設和猜測,諸如「光緒可能未將封事看完、未看附片」,以及譚嗣同「將曾廉附片抽出焚毀」,以及「如果軍機大臣及太后在這天看到曾廉封事的附片,則戊戌黨禍不必等待八月初六,在七月二十七日就已發生了」云云,何其猜測之多且神也? 按戊戌變法演成政變,有其複雜的過程,《亞洲學報》上拙文已說得很清楚,毋須多贅。在此可指出者,變法乃光緒主導下的革新圖強,康有為扮演重要的顧問角色,但不能說成是康黨的變法,更不能說是梁啟超的變法,豈能因梁氏罵清朝人的祖宗,而導致政變以及變政的失敗? 黃君把一件事刻意放大,以致於掩遮了整個過程中的新

舊思想衝突、利益爭奪，以及母子間的矛盾等大事。黃君亦不願領會，康有為在百日維新期間不主張開國會，以及主張以君權雷厲風行的微意，不知戰術的彈性並不意味戰略的退卻，不去深入理解康有為政治思想的全貌，乃以自己的指揮棒，讓康有為在短短的戊戌年中，思想一變、再變、三變。蕭公權的《康有為思想研究》⑱，對康氏思想的精微處有詳盡探討，足資參閱。

關於袁世凱告密問題，雖乏充分的事據，但理據已甚昭然。很簡單，若非袁氏告密，則袁有保密之嫌，政變後即使不牽涉入案，那會得慈禧與榮祿的寵信而飛黃騰達？黃君未能答此一問，而其否認袁世凱告密的主要理據，不過是說：譚嗣同既遊說袁圍園殺祿，若袁告密，何以等到初九日才下令捕譚。黃君須知，譚並非代表他個人去遊說袁，而是康有為，甚至是光緒皇帝的說客或傳話人。在此誰是主角或配角不難分明。袁氏告密，亦不可能主次顛倒，說成是譚嗣同的陰謀。最可能的告密說詞，應是光緒受康黨煽惑而欲圍園殺祿。慈禧先軟禁光緒，接著追捕康有為，再捉拿譚等六君子，亦順理成章，不足為奇。

袁世凱與榮祿既於八月四日同在北京，就有可能告密。黃君竟辯稱袁無資格到頤和園去面稟，榮祿也沒有時間「紆尊降貴去看袁」。試想如此緊急情報，自有各種迅速通報的管道，何況榮祿是袁世凱的軍事頂頭上司，軍務火急，豈容要請求面稟，還要找時間「紆尊降貴」，可能嗎？

---

⑱ Kung-Chuan Hsiao, *A Modern China and a New World: K'ang Yu-wei, Reformer and Utopian* (Seattle & London: University of Washington Press, 1975).中譯本《康有為思想研究》（臺北：聯經出版社，1988），汪榮祖譯。

　　光緒皇帝涉入圍園殺祿密謀的旁證不少，諸如慈禧懲罰光緒之嚴屬，以及六君子不經審判而處斬以免「牽及聖躬」等等。而黃君竟謂：「他（光緒）根本無圍頤和園的意圖。」然又謂：「光緒帝牽涉此一逆案，實不易自明。」然又說：「光緒為康黨所陷害」，「光緒未與聞康黨的陰謀」。然再改口說：「但光緒畢竟有嫌疑……他的死很可能不是善終。」如此兩歧論證，實不多見。近年宮中檔案已證實光緒病死，不必再猜測「光緒不是善終」了。

　　關於八月初五楊深秀探查圓明園窖藏金銀奏片，黃君認為此乃調袁軍入京的陰謀，但孔祥吉早已查閱楊片，駁斥黃說：「楊摺未提到何時，調何人挖掘圓明園窖藏金銀一事，從中看不出有讓光緒調袁世凱軍隊到北京的陰謀，不可能成為頑固派政變的藉口。」❻❾然黃君仍重複前說。

　　黃彰健說：「對戊戌政變的真相，我的解說有如九連環，環環相扣，尚無新說足以取代鄙說。」怎奈處處破綻，難以成說，根本不存在「取代」的問題。黃君對戊戌變法的解說，亦復如是。鄙見認為，主要在概念上和方法上有問題。黃君刻意辨偽，幾為辨偽而辨偽，不僅史學意義甚微，而且反增混淆。黃君以為大陸學者證實其辨偽工作，然孔祥吉卻說：「他（黃彰健）一經發現《奏稿》與原摺有出入，便稱之為偽摺，而缺乏實事求是的分析。」❼⓿黃君於西方概念，如民權、議院、國會，亦多誤解，以至於認作革命的必要「手段」。黃君在方法上則見小失大，察點滴之細而不見滔滔巨流。見康有為之「變」，而不能洞察其「不變」處，以致無視其思想全

---

❻❾　見孔祥吉，《戊戌維新運動新探》（長沙：湖南人民出版社，1988），頁408。另參閱孔祥吉，〈楊深秀考論〉，《晉陽學刊》，1983：4。

❼⓿　閱孔祥吉，《戊戌維新運動新探》，頁184。

貌，竟認為開國會乃其心目中的下策。見到湘中自立，便認為要反清，而忽略了整個危局中的救亡意識。

黃君又謂，他與我不同處是，我相信梁啟超《戊戌政變記》，而他則採信梁啟超《清代學術概論》云云。此言又差矣！盡信書不如無書，梁啟超自稱下筆常帶感情，不可盡信。其實梁啟超的這二本書，都是研究戊戌變法史與晚清史的有用史料，但將史料演成史證，須秉批評的眼光，以及嚴密的論證。如黃君謂《戊戌政變記》寫於保皇之時，其言變法不可信。若按同一心證，《清代學術概論》寫於革命之後，其言革命，又焉可採信？照黃君思路，豈不可說梁啟超想於革命後佟談革命以邀功嗎？換言之，假如要以「說謊」與「居心叵測」，作為論人的標準，則須兩用之，而不可有雙重標準。

總之，我對戊戌變法與政變的看法，不過是對舊說的修正，而黃君的說法無異推翻舊說，目的是翻案。我仍認為黃君的翻案是站不住腳的。翻案與修正有別，固不可不辨。

第六章　保皇的意義

　　康有為於戊戌政變之後，亡命海外，創立保皇會。此一鮮明的保皇旗幟，似乎頗具封建色彩，不僅當時的革命黨視為反動，現代史家亦多認為標示康氏思想的倒退。以致於使保皇的意義隱而不彰，甚至康氏整個思想體系也遭到誤解與曲解。本章即就康氏保皇言行的深層意義，作一分析與解釋。

　　從最表面的層次看，保皇固然表現了康有為對光緒皇帝的知遇之恩。戊戌變法百日維新期間，他不僅受到皇上的重視，而且許多主張經由詔書執行，對當時的士大夫而言，自是莫大的恩遇，康之感恩亦一再形之於詩❶。然而康氏發動保皇政治運動，絕不可能僅止於狹隘的君臣感情。保皇之起，乃因變法受挫，光緒被囚，因而保皇是要保住維新之君，以冀變法之再興。康對光緒求變的決心是毫不存疑的，甚至認為他為了貫徹變法主張，不惜犧牲權位，如此愛國愛民之君，能不保嗎❷？就此而言，保住光緒攸關變法，而變

---

❶　如「戊戌吾受知」、「堯臺悼聖公」、「聖主維新變法時，當年狂論頗行之」等等，均見康之詩集，載《康南海先生遺著彙刊》，冊20，頁435、277、343。

❷　若謂：「皇上之不變法兮，可以不廢；皇上之救民兮，遂喪厥位。」見同上書，〈康南海詩集補遺〉，頁1。

法之能否再興攸關國家的前途，然則保皇與救國實不可分。

康有為的確將光緒的命運與國家的命運連繫在一起，如說：「皇上之不復權兮，中國必亡；皇上之復權兮，大地莫強。」❸何以故呢？因為中國如不變法必定滅亡；如能變法，以中國之大，必能富強，而變法之能否實施，有賴光緒皇帝能否重獲政權，因光緒在戊戌變法中已展現其變法的決心與能力。所以保皇運動一開始，主要的政治訴求就是光緒歸政。此一訴求又有兩方面的展示，一方面宣揚光緒聖德，強調他是一位有為的君主，可以安定與振興中國，有能力親睦友邦，消除外患；另一方面譴責慈禧為首的當權派，斥女主禍國，竊居政統，篡逆無道❹。結果，以保皇為名的政治訴求，必然與滿清政府直接對抗。康有為的保皇會不僅不臣清，反而反清（當權派），仍然代表革新勢力反對守舊勢力，絕不能因保皇之名而視為臣清或守舊。

及庚子義和團事變起，更證明守舊足以危亡中國。強烈的救亡意識更令康深信「非變法不能自強」，而變法有賴歸政光緒，清除守舊派，大興民權，奠定自強之本。康有為指出民權不再是空洞的概念、原則、或公理，而是當今立國不得不然之勢。光緒在戊戌變法之年即已有此理解，亦為康所感動者❺。故一旦光緒歸政，民權可付諸實施於立憲，君主立憲勢在必行，然則保皇的目標原是在指望君主立憲，顯然具有進步的意義。

拳亂與八國聯軍給康帶來打倒慈禧、歸政光緒的大希望。他為達此目的不惜訴諸外國武力干涉，自稱：「臣奉循衣帶，仰天痛心，

---

❸ 詩句見同上書，同頁。

❹ 參閱《康有為與保皇會》，頁6、89、3、29。

❺ 參閱康私函，載上書，頁20、23、91。

蹈日本而哭庭，走英倫而號救。」❻這種傚秦庭之哭的做法，就近代
國家主權觀點視之，固然十分可議；不過透露他的保皇救國，也何
等心切。何以將保皇與救國相提並論呢？因為他一直深信，唯有有
心變法的聖主光緒復辟，中國的弊政才能復理，弱國才能復強❼。

　　事實上，康有為乘機由保皇而勤王，雄心勃勃擬定直搗京師的
計劃。如果成功，光緒必然復位，以康為首的新黨可以輔助聖主變
法，中國不僅可存，且可富強。康之樂觀可見之於〈致唐才常書〉：
「今吾南北之師已集，正宜藉此作威，以著吾新黨之力，然後外交
可固，而內奸知畏。天下古今，固未有如此大變。」他確實主導自
粵桂北上的軍事行動，並相信可得外力奧援，幫助光緒復位，達到
他保皇的政治目的❽。

　　康有為顯然錯估形勢，庚子勤王之舉徹底失敗。唐才常的漢口
起義因張之洞的鎮壓，「大功未成，元勳先隕」，破滅了直搗京師的
美夢❾。八國聯軍雖然佔據了京師，然而在獲得利益豐厚的辛丑條
約之後，並未要求慈禧將政權交還給光緒，舊政權也未被推翻。勤
王的失敗更造成保皇的困難，不僅光緒帝的處境益艱，保皇的意義
也遭到質疑。

　　庚子軍事行動，雖以勤王為名，然目的是推翻當權的滿清政府，
本質與革命少異，實際上鼓動了革命風潮，許多原來主張變法的人，

---

❻　同上書，頁5。

❼　同上書，頁9。

❽　康致唐書寫於1900年6月。期盼外援，見於康之家書，若謂：「聞各國
　　俱欲救上，英人甚欲助我」；又說：「各國決議救上，可喜，上必無
　　恙」，參閱上書，頁35、42–44、75、104–113、127、129、143、173、
　　199。

❾　同上書，頁183–184。

有鑑於清廷的腐敗、保守以及無力禦外，轉向革命陣營，連康門大
弟子梁啟超、歐榘甲等人也覺得既然要推翻無可救藥的滿清政府，
又何必再保皇？此乃康有為始料未及的後果，對他的信念而言，是
一大挑戰。他是絕對無法接受革命的，不僅是「安有身受衣帶之人
而背義言革命者乎？」更重要的是，在他心目中，革命必將導致流
血與內亂，然後外國勢力必將假借平亂之名，「而入取吾地」，使中
國有亡國之虞。康氏以為防止革命乃保國救民之道，意即在此。防
止革命才能讓光緒復出，執行開議院、行立憲的規劃，達到革命無
法達到的富強目標。職是之故，當他聽到自己門人有「決言革命
者」，「頭痛大作」，並以「叛徒」視之❿。如此嚴重，足見對他而
言，關係甚大。

　康以其個人的威望與強烈的意志維繫了保皇會，扭轉不少門人
的革命傾向，繼續與革命勢力相抗衡。其實康黨與革黨所關切者，
基本上並無不同，保皇會一再以「幾幾亡矣！」「嗚呼！我四萬萬同
胞，皆將為奴隸蟲沙矣」⓫，類此政治訴求，實與革命黨人之文宣
同調。目的亦無二致，都是為了救國救民，以及中國之富強。南轅
北轍者，主要在手段之異，亦即是流血革命與和平演變之別。就理
論而言，實難以遽言，前者進步，而後者反動。

　保皇會運作八年之後，康有為改組為帝國憲政會，實為「中國
最先最大之政黨」，以呼應清政府1907年宣佈的預備立憲。立憲原
是保皇的實質意義，故雖然光緒既未復位亦未獲自由，戊戌黨禁也
未開釋，康、梁仍是欽犯，康有為還是接受了慈禧政權的預備立憲。
於此亦可見康之對事不對人，並不能說是康之「頓弱」或「妥協」。

---

❿　參閱上書，頁157、158。
⓫　同上書，頁237。

妥協的是慈禧政權，在內外的壓力下不得不預備立憲，以致於猶豫
徬徨，更不敢讓素主立憲的「帝黨」或「康黨」，參與預備立憲。
1908年慈禧與光緒先後去世，中央無主。以康而言，光緒之死不僅
是個人感情上的打擊，更是一個希望的幻滅：富有春秋的皇帝不能
於太后死後重執政柄，主導立憲，並由康黨輔助新政。但是閘門一
旦打開，國內立憲派勢力一發不可扼制。面對幼主繼位、朝局紛呶、
外國覬覦的新局面，立憲派益具急迫感，呼籲加快立憲的進程。康
有為雖因黨禁未開，不能直接參與國內的立憲運動，但他的「急行
憲政、力行新法」⑫的立場與國內立憲派完全一致。事實上，康門
中人不少以個人名義參與立憲運動，要求立即召開國會，組織責任
內閣，早日實施君主立憲。康氏本人亦於1910年上書攝政王，明言
除開國會之外，別無救國之法，認為「九年之議，時乎不可，迫不
及待」，不能再等了。同時，他也向督撫力陳「立開國會」之重要
性，希望對中央的遲疑形成壓力⑬。在救亡的急迫感之下，康之保
皇與立憲完全合流。保特定之皇光緒已不存在，於是保皇的意義盡
在君主立憲之實施了。

　　康有為全心推動君主立憲，眷戀清皇朝之意少，為中國前途著
想者多。因他深信君憲的成功，足可使中國現代化，並臻富強之域。
而君憲最大的挑戰來自革命。革命不僅要倒滿而且要消滅帝制，然
則便無君憲之可言。不過，康有為力排革命之說，並不完全是意識
型態之爭，而是確認革命可以召亂，甚至亡國的現實問題。1911年
的武昌起義導致各省紛紛獨立，倒滿的辛亥革命已莫之可禦，康之
滿漢不分的君主立憲受到直接挑戰，取代君憲的共和之議逼上眉睫，

---

⑫　語見《康有為政論選集》，上冊，頁597。

⑬　參閱《康有為與保皇會》，頁298、365。

康氏的焦慮可想而知。他的焦慮隨著辛亥革命的發展,與日俱增,因革命造成的流血、暴亂、紛擾等等,使他有不幸而言中之感,大大增強他對自己思想的信心,促使他在民國成立前後,大倡救亡之說;在他而言,是力挽狂瀾,然而他人視之,不免有「火中取栗」,想「搶奪革命勝利果實」之嫌❹。

　　康有為反對共和,為了維護君憲,但並不表示他認為君憲優於共和;恰恰相反,共和乃孔子太平世的大道,三世演進的極致。問題是共和雖美,民治雖正,卻不是實施的時候❺。這不能說是一種託辭,而是與康之整體思想相關。三世說是康思想的基礎,強調循序漸進的法則。就政體而言,必須從專制到君憲,然後到民主共和。若共和凌躐君憲,便是「顛墜」錯亂,違反了放諸四海而皆準的法則。這種思想模式時而可從他所用的譬喻中表現出來,如「夏蒔荷於沼澤,秋滋菊於畦畹,則繁華絢鬧;苟少易之,則廢枯不生,豈能復華」?愛好花藝者都須得花時之宜,愛國者能不知人事之宜嗎❻?他顯然將自然之理與人事之理,視為同一公理:「適宜者存,失宜者敗!」❼

　　不過,康有為指共和不適宜當時的中國,不完全基於自然法則,除了「適時」之外,他還標出「適地」。「地」何指?乃指中國大地上有其獨特的歷史文化傳統。數千年來中國所施行者為專制政體,從來未有過民主共和政體;若遽行之,則毫無經驗,猶如盲人騎瞎

---

❹　語見林克光,《革新派巨人康有為》,頁446。

❺　康曰:「共和者,民治之至耶? 但不能凌躐而為之,待其時而後行」,見《萬木草堂遺稿》,頁164。

❻　見康有為,〈中華救國論〉,載《不忍雜誌彙編》,卷1,頁1b。

❼　同上。

馬，故康氏於〈共和政體論〉一文中，直言「夫各國政體，各有其歷史風俗，各不相師，強而合之，必有乖謬」**⑱**，乖謬的後果便是「一片亂象」。他自武昌起義以來，從日本報章上得知，「中國兵險饑饉，大江流域死者二千六百萬人，西人以為慘狀過於法之革命」**⑲**。他曾以法國革命之慘，警告國人不可輕言革命，而今辛亥革命慘尤過之，怎不令其動容，感預知之真切，不幸而言中，更使他覺得反對革命的正確。

就理論而言，康之保皇立場，原與革命之說，水火不容。不過，他並未不加分析地拒斥革命。他很知道革命此一舊辭，乃日譯西洋的概念，更十分了解當時革命黨的心理，如說：

> 或迫外人之刺激，而憾政治之大壞，思以易之；或有亡國之甚懼而拼孤注之一擲，思以救之；或緣民族之義而思逐異族，思以革之；或稱響應之勢，不知所止而窮極之。**⑳**

當年參加革命者的動機，實不出康氏分析之外。而這些動機或理由，依康之見，都是基於「感情」，而缺乏「深識」**㉑**。他佩服革命者「萬死不辭」，拋頭顱灑熱血的勇敢，然而但憑血氣之勇，往往「忿怒盲從」，意在愛國與救國，實足以亡國。他完全不能同意

---

⑱　見單行影本，頁2。

⑲　見《康有為與保皇會》，頁367。

⑳　見康有為，〈救亡論〉，載《不忍雜誌彙編》，卷1，頁25a。

㉑　同上，頁25b。按度康之用意，所謂「感情」，今宜作「情緒」；所謂「深識」，今應作「理性」。研究思想史應體會「作者用意」(author's intention)，早已是共識。另參閱頁29b、30a。

革命家所謂要建設先破壞的說法，斥為「謬論」， 因破壞易，建設難，認為「一破壞之後，則中國永無建設之日」。 建設需要安定平和的環境，然而革命適足以招亂，可以帶來許多災難，即以革命後立國，爭立新主就可以致亂，自相攻殺，沒完沒了的內訌。他於癸丑1913年就說過，一個統一的局面一旦破壞，須要相當長的時間重新建立新秩序。從歷史經驗看，李唐與朱明費時十數載，漢高祖也花了五年，才把局面穩定下來。他憂慮革命黨即使能平定中國，亦難以制止紛擾，甚至永遠分裂或亡國❷。

革命招亂可以亡國，並不能說是康的危言聳聽之論。革命黨在「社會達爾文主義」(Social Darwinism)「適者生存」(Survival of the fittest) 的刺激下，亦經常以「危亡無日」作為救國的訴求。不同的是，革命黨認為非打倒滿清不能救亡，而康則以為摧毀統一的機制，猶如自殺，適足以速亡。事實是當時列強環伺，必然會乘亂索求，甚至瓜分中國。瓜分之禍，早自1898年以來，即為識者所驚懼，也是戊戌變法的推動力之一。從康有為的議論中可知，他對世局頗有廣泛而深入的認識，對近代帝國主義侵奪弱國的事實，更能如數家珍，故深恐革命招亂之後，中國會步越南、朝鮮的後塵❸。

至辛亥革命滿一週年時，革命招亂不再是理論，而是活生生的事實：「各地分立，實同亂國矣。各省自舉都督，又復互爭都督，又復爭軍政分府，其一羣吏互爭，其屬府縣又互爭，甚或一省而有數督，一縣而有數長……自舉而內爭，驕將擁兵而桀頡，豪猾乘時

---

❷ 參閱上書23b、24a–b、25b。

❸ 如謂「非洲已瓜分矣！中亞各國滅於俄，突尼斯、安南滅於法，緬甸亡於英，琉球、高麗滅於日，阿富汗、暹羅為兩甌脫國，待時而盡耳」，見康有為，〈中華救國論〉，卷1，頁1b。

而盤據。凡夫亂兵叛脅，無賴縱橫，盜賊劫掠，更迭相因……民不聊生，是以士農工商久不復業，亂象日熾。」不禁令康驚呼：「今之危險變幻，百倍於晚清之世！」❷據康之理解，之所以如此，中央權力的崩潰使得全國大亂，而大亂之後使得紀綱盡失。外國勢力也果然乘火打劫，促使遼（滿）蒙回藏從中國分裂出去。中國一時未遭瓜分，並不是帝國主義國家的仁慈，而是那些強國自稱文明，而強國之間又各自牽制，形成均勢之故❷。但是「萬國耽耽，暴民攘攘」的危險情狀，乃民國初成立時的實況，是難以否認的事實。

後人譴責康有為反革命，宜知他反革命的真正理由，以及理由所根據的事實。他有充分事據的理由，足夠使他深信革命是一帖誤用之藥，導致中國中毒，而必須解毒❷。何以解毒？康並不完全拒絕革命後的民主共和，更不是要維護封建統治秩序。他提出的解毒藥方，便是虛君共和。

康有為所倡虛君共和，顧名思義便知：在維持共和政體的前提下，加上一個有位無權的皇帝。這並不是康氏杜撰的一個抽象名詞，而有所實指，他明言英國與日本的君主立憲，實質上就是虛君共和，而他心目中的虛君，「為一極無權之人，極無事之人，極無所用之人」形同木偶，顯然較日本和英國的皇帝更「虛」。虛君既然有位無權，不會影響共和民主的實際運作，更無可能恢復專制。然則，虛君與共和兩者並不相互矛盾，虛君亦無礙民主❷。此一主張顯示，

---

❷　同上，頁10a。

❷　參閱上書，頁3b–4a。

❷　康氏曰：「今藥已誤服，毒已大發，幸毒未深而毒可解」，見康有為，〈救亡論〉，載《不忍雜誌彙編》，卷1，頁31a。

❷　同上，頁35b–36a。另參閱康，〈共和政體論〉，頁12–15。

康於民國成立後已接受共和，僅僅是略作修正而已。而且不僅僅形之於文字，更付諸行動。如民國成立不到兩個半月，他就將帝國憲政會改名為國民黨（民國的第一個國民黨），以五色旗為國旗，寓五族共和之意，並號召他的黨徒，擔負起建設國家的重責大任，「努力奮厲，同奏新勳」❷，這種態度還不夠積極嗎？他還鼓勵門人徐勤赴任第一屆國會議員，草擬〈中華民國憲法草案〉、〈中華民國國會代議院議員選舉法案〉，以及〈中華民國國會元老院選舉法案〉等，這還不夠積極參與嗎？

然而為何要立一「冷廟土偶」的虛君呢？虛君沒有專制的壞處，卻有防亂的好處。中國幾千年來的政俗習於有一皇帝，一旦廢除，容易引發爭奪最高位的混亂，甚至戰亂。如有一無可爭議之人居此最高位，便可防止亂源於無形。民國成立以後，無可爭議居君位者，除了仍在紫禁城的宣統皇帝之外，就是孔子的後代衍聖公。康似乎更傾向後者，說是四萬萬共敬之人，「唯日本天皇年歷與之同」；事實上，若說萬世一系，「比日本天皇尤為堅固矣！」康建議立衍聖公為虛君之後，改資政院為國會，公開審議國家大政，公舉百揆（即總理大臣），然後「秩序不紊，爭亂可泯」❷。革命之後的後遺症就是大亂，所以必須止亂防亂，始能保民救國。虛君能達此目的，豈非佳甚！？

或問虛君果有如此效果嗎？康有為指出，不僅他認為是虛君的英王日皇，使英日兩國的憲政最具成效，而且許多歐洲國家為了他們的虛君，「備極敬禮，歲糜巨俸，鞠躬以事之」，甚至於迎立異族為君，如果沒有大用，又何苦如此。他也指出，沒有虛君的純粹共和國，除了美國之外，法國政局一直不穩，其餘二十幾個共和國，

❷ 見《康有為與保皇會》，頁368。

❷ 康有為，〈救亡論〉，頁35b、36b、37b、38a。

無一不大亂，中南美尤其是無歲不亂，主要原因就是爭奪總統，每爭一次，「死國民無算」。康從外國經驗得知，共和國之民須有極為高尚的品德，「人心皆堯舜而後可」；而共和民主較適合小國寡民。美國雖大，然美國初立國時，「人民僅三百萬，仍是小國」❸。此一認知亦符合康氏三世說的論點，將共和屬於較高層次的太平世的制度，需要時與地的條件。

　　無君的共和在中國一開始就很失敗，康有為親見各省割據無力統一，政府財源枯絕，形同「乞丐政府」。民主共和應屬公有之國，然而南京臨時憲法卻由十幾個都督所舉，一、二私人所寫，根本與四萬萬民意無關。民主必須選舉，然選舉「必挾兵力而後能成立」，結果是「名為共和，實則共爭共亂，為暴民專制而已；名為多數取決，實則少數暴民取決而已」，於是民不聊生，國家危殆❸。他因而認為共和政體不能行於中國，思以虛君共和之說，作為救危挽瀾之方。但是他所設計的虛君共和，被視為反動而從未被採納，遑論付諸實施。如果說共和是歷史潮流，則共和成立以來五年，甚至六、七年的動亂，無疑是一股強大的逆流：國雖未亡，危機四伏；民生之慘，無以復加。而康有為所見共和之弊，大都不幸而言中。

　　康有為「虛君」的設想，絕不是「為封建主義招魂」❸，而是基於強烈的救亡意識。民國成立前後的亂象，乃無可否認的事實，

---

❸　參閱上書，頁33a、33a-b、34a。康，〈共和政體論〉，頁3。

❸　參閱康有為，〈中國以何方救危論〉，載《不忍雜誌彙編》，卷1，頁42b、43b、46a。

❸　語見林克光，《革新派巨人康有為》，頁450。革新派巨人還要向封建主義招魂，不是很奇怪嗎？近始見大陸學者對康有為保皇有極正面的評價，閱董方奎，〈君主立憲制與現代化〉，頁22-32.

使他怵然心驚,思以救之。民國亂象又隨共和的成長而日厲,他於
民國四年(1915)所見是:

> 今之世何世? 今之時何時哉! 立國於列強狡展之下,強鄰虎
> 視之時,群盜滿山,洪水浸國……今地雖欲裂,大廈將傾,
> 而吾舉國若狂! ㉝

這種情狀益使他覺得泯除爭亂,恢復秩序的重要,更覺得虛君
可以救共和之弊的信念。然而虛君就是虛君,康絕無意或樂見君主
專制之再起,此可從他強烈反對洪憲帝制得知。他固然極不恥袁世
凱其人,更知袁之稱帝意在專制,絕不可能是一個虛君,而欲專制
又不可能成為拿破崙,反而製造更多的混亂,故先後發表〈討袁世
凱檄〉與有名的〈慰庭總統老弟大鑒〉之函以斥之㉞。袁氏稱帝,
於康而言,又是共和的一大劫難,所謂「共和四年,革命三起」,足
證倣法美、法共和制之誤。他提出善後三策,基本上不脫虛君共和
之議。如果一定要實施美法之總統共和制,即以黎元洪為虛位總統,
令其子孫世襲,以免因選舉而起爭奪,而虛位總統有禮無權,有號
無事,本質與虛君貌異心同。如果此策不行,他建議融合古今中外
的元老院以及參議院之制,於國會之外,另立元老院為最高機構,
由各行省與地方推舉,並輪選七人分掌外交、內政、法律、國防、
教育五司,目的是「政不握於一人,權不標於久遠,自不能再有專
制之患」。但他自認此策未經實施過,未必可行。所以他還是較傾

㉝　見康有為,《萬木草堂遺稿》,頁101、102。

㉞　參閱康有為,《萬木草堂遺稿外編》,下冊,頁556-560。《康南海自編
　　年譜(外二種)》,頁171-179。

向於第三策，在歐洲屢試而無弊，即「今之英國、意大利、比利時、荷蘭、丹麥、瑞典諸國」皆行之虛君共和。他顯然將歐洲的君主立憲等同虛君共和，君主猶如木偶神像，垂拱而治，可得長治久安❸❺。

康有為仍不能忘情於虛君，實因共和乃民治之極致，須待條件成熟而後為之，而當前之國人知識太淺、程度太低、感情太盛，學習美法的共和制，屢瀕大亂，已是無可否認的事實。他的虛君設想顯然有取於其名望，可以坐鎮而不必行施權力；有取於其世襲，不必因選舉而爭奪❸❻。他的意思是要以虛君來穩定共和。

康氏虛君共和的構想，一再形諸文字，不過是紙上談兵，對實際政治的影響甚微。然而民國六年(1917)宣統復辟，震動一時，突然又使康成為焦點人物。康無疑是復辟的主要參與者，但絕對不是主導者，甚至是身不由己，有違自己信念的參與者。他初對宣統復辟十分興奮，因他以為將是成立虛君共和的大好機會，宣統又正是他二個最佳虛君人選之一。他的設想是要以宣統為中華帝國的虛君，而政權公之國民，遵守憲法，實際權力則歸之於國會，免除封建禮儀，實行責任內閣制，並以徐世昌為他心目中理想的國務總理。孰知主導復辟的張勳以及前清遺老，竟是要恢復大清帝國，恢復前朝官制與法律，完全與虛君共和主旨背道而馳，可見康之主意幾全未採納。既不採其言，亦不讓扮演要角，袛授弼德院副院長，為徐世昌之副，根本是無關緊要的閒差。康之虛君共和理想，雖於復辟一開始即已幻滅，言不聽，計不從，然而卻背負他不願意見及的復辟罪名，結果像張勳與遺老們一樣，落荒而逃，躲入使館避難，擔當

---

❸❺　參閱〈中國善後議〉，載《萬木草堂遺稿》，頁131–150。另見《康南海自編年譜（外二種）》，頁179–181。

❸❻　見〈中國善後議〉，頁146、149。

了難以洗刷的封建餘孽罪名❸。固然，即使張勳主導的復辟，聽從
了康之建言，有鑒當時軍閥各懷鬼胎，利益難以分配，亦未必有成，
但康有為於失敗之餘，是難以心服的。他於1923年仍思捲土重來，
遲到1925年，距他逝世不到兩年，依然深信虛君共和是最佳的良
法❸，可說是堅持到底了。

然而虛君共和一說，不曾被人真正理解。革命派固然視「虛君」
為封建落伍，不屑一顧；守舊派，包括張勳之流，既不屑共和，亦
不要虛君；即使康門大弟子梁啟超亦不能達乃師微意，公然譴責，
並持敵對立場。雖說言者諄諄，聽者藐藐，但康作為公眾人物，未
能充分達旨，用現在的話說，康之「公關」顯然沒有做好。

時人不解康意，尚可說身在廬山不悉廬山真面目，可是後人不
僅不理解，更不諒解。現代史家大都認為戊戌以及戊戌之前的康有
為，是積極而進步的，而戊戌之後趨向保守落伍，不脫前半生進步、
後半生落伍的窠臼。此乃未明康氏保皇的意義之故。

康氏保皇始於戊戌政變之後，保皇一詞語含保守封建之意，然
康之目的在保立志變法的光緒帝，不惜與執政的保守派政權，展開
尖銳的政治鬥爭，甚至軍事衝突，其性質頗為激烈，絕不保守❸。

❸ 蕭公權首發康與張勳等人之異，參閱 Hsiao, *A Modern China and a New World*, pp. 252-259。另參閱林克光，《革新派巨人康有為》，頁470、472、475、477。林氏並提到北京中國第一歷史檔案館藏有清廢帝溥儀檔案，有諭旨五十六件之多，見頁474。康之〈擬復辟登極詔〉，載《萬木草堂遺稿外編》，上冊，頁555。另參閱胡平生，《復辟史料》（臺北：正中書局，1992）。

❸ 閱Hsiao, *A Modern China and a New World*, pp. 258-259.

❸ 大陸學者近年對保皇會的活動亦有較為正面的評價，如謂他們的「基本政治主張是堅持愛國救亡，反對外國侵略；堅持變法維新，反對專

保皇的意義既在保有以及推進政治改革，故當清廷有意立憲，康即將保皇會易名為憲政黨，作為呼應，以促進立憲。戊戌變法期間尚未來得及立憲，故從政治改革的進程而言，晚清立憲已超過戊戌變法。君主立憲如果成功，無疑是傳統中國政治的現代化，是進步而絕非守舊。康有為明確反對革命，因革命流血不僅有礙和平演進，而且造成內亂，予列強以可乘之機，甚至有亡國之虞。革命與改革是二種不同的手段，不能說暴力的手段是進步，而溫和的手段是落伍。

康之反革命是百分之百的，但他並不完全反對共和。他以共和為更高層次的政治境界，祇因當時中國之條件不夠，遽行之不僅無微益，反而有大害，故倡虛君共和以救之。虛君乃要保住皇位，以顧及中國數千年的君主傳統，但目的仍是君主立憲；民國既立，故以虛君穩住憲政，以君主之虛名護駕民權之發展。所以虛君共和的意義，與保皇一樣，主要不在保住皇帝或君位，而在保障政治改革之有效和有益進程。

儘管康有為一再抨擊共和之早產及其惡劣後果，他積極冀有助於共和，乃是有目共覩的事實。他扮演了十分活躍的知識分子角色，他不忍不言，「吾舌猶在，吾安能忍視中國之亡，而緘之、扁之、閉之、錮之，而巧默藏藏身也」[40]。呼籲救亡之餘，更欲求中國之富強，指出「今者敵國之強弱勝負，不爭乎其兵，而爭乎其工藝器械」[41]。類此足見，康有為於民國成立以後沒有成為「神州袖手人」，他的心態和作為與前清遺老頗不相同。說他的晚年「灰色」，是一種誤解，特別是誤解了他的保皇思想。

　　制守舊」，見鍾賢培，《康有為思想研究》，頁111。

[40]　見《萬木草堂遺稿》，頁103。

[41]　見民國四年(1915)發表之〈治械〉，載上書，頁114。

第七章　孔教及其挫折

　　康有為演公羊三世之義，以孔子為教主，奠立了變法思想的基礎，可謂以儒變法。儒家教義基本上不是一種宗教，傅偉勳認為是一種「道德的宗教」(a moral religion)，故陳義頗高，難被普魯大眾所接受❶。惟儒家中的經今文學家早於漢代就已神化孔子，何休這位公羊學者亦早已賦予孔子「米賽亞的角色」(Messiantic role)，康氏本人也受到公羊學裡緯書的影響。所以他要以儒為宗教，自有其儒家內在的因素，不必完全是受到佛教和基督教的啟示。

　　康有為原以孔子為改制的教主，尊為素王，目的是以儒變法，為戊戌變法奠立理論基礎。梁啟超稱乃師為馬丁路德，其意亦在康之改革舊儒教，猶如路德之改革舊基督教，以彰顯改革之本意。直到民國成立以後，康氏始積極倡導真正是宗教的孔教，甚至是優於佛教或基督教的孔教，亦即是將儒家從哲學的範疇，提升到宗教信仰的境界。他創立孔教會，欲以「大哉孔子之道，配天地，本神明，育萬物，四通六辟，其道無乎不在」❷，並擬訂〈孔教會章程〉，志在宏教，立孔教廟祀天，以孔子配之、祀之❸，以孔子誕辰為「聖

---

❶　傅偉勳，《批判的繼承與創造的發展》，頁50–52。

❷　見康有為，〈孔教會序〉，載《不忍雜誌彙編》，卷5，頁7b。

❸　見康有為，〈孔教會章程〉，載《萬木草堂遺稿外編》，上冊，頁481–482。

節」，有如基督教的聖誕節，並鼓吹大規模的祭孔典禮。

康氏亟力想建立具有神格以及充份宗教儀式的孔教，乃民國以後，康氏進步改革的形象，急速轉變為保守落伍形象的主要原因之一。從革命者的眼光視之，提倡孔教，無異要維護專制體制，如陳獨秀及其主編的《新青年》雜誌，就一再伸言孔教與專制乃不可分離的一體兩面，以及孔子乃專制的代言人❹，康有為的晚年遂被二十世紀中國知識分子與學者定論為「沈淪」❺。這種鋪天蓋地的當代評論，不僅扭曲了康之形象，而且忽略了康氏的真正考慮和關懷。

康之關懷有其客觀的時代因素，而他的考慮更涉及廣泛的政治、社會，以及文化層面。他提倡孔教，總而言之，是強烈危機感的直接反應和行動。

康有為的大同學說很容易使人覺得，他是一個超乎種姓國界的世界主義者，以致於忽視了他強烈的愛國情懷與民族主義。其實大同一直是他寄望於未來的理想；終其一生，他所面對以及關懷的是國家的興亡，由此衍發出來的必然是愛國情懷與民族主義。在西力東漸的變局中，他所愛之國已不僅僅是朝廷，而是包括四萬萬人的中國，他的民族主義不是狹義的排滿或仇外，而是針對帝國主義的近代民族主義，為的是建立富強獨立的近代國家。這一切可見之於他所寫的〈愛國歌〉與〈愛國短歌行〉，可見之於他登長城懷念袁崇煥的心情，可見之於〈京師強學會序〉中之痛陳，可見之於甲午割臺詩中之感憤❻，在在表露了國家與民族意識。民國初立，眼見國

---

❹ 參閱1917年之《新青年》雜誌。

❺ 湯志鈞語見氏著《改良與革命的中國情懷——康有為與章太炎》，第九章標題，頁256。

❻ 康之割臺詩曰：「海東龍泣鑑沈波，上相轓軒出議和，遼臺無無割山

命不絕如縷，提倡孔教以為國教，未嘗沒有扶持危國之意，所謂「國所與立，民生所依，必有大教為之楨幹」❼。宗教是可以普及的，但國教必有其國家性格與意義。他見及西方強國都有信奉的國教，無疑認為教與西方諸國富強有關，然而「各國皆有教，而我獨無教之國；各國皆有奉教信教之人，堅持其門戶而日光大之」❽，故中國必須將不像宗教的孔教，變成可以比美基督教的宗教，以為立國之基。

　　更可注意者，康於提倡孔教之同時，主張「物質救國」，以推廣「一切工藝、化、電、汽機之事」❾；又主張「理財救國」，倣美日設立國家銀行，「所以裕民」，「以闢富源」，而後「中國猶患貧者未之有也」❿；又大談「治械」，亦即是以近代工藝器械，以達成中國軍事的現代化⓫。類此都充分展示康有為與當時大多數的仁人志士一樣，樂見中國之富強，免於帝國主義的欺凌。這種彰明顯著的近代民族主義意識，豈容視而不見？而此一意識也正是他力倡孔教的動力之一。

河，抗章伏闕公車多，連名三千轂相摩，聯軫五里塞巷過，臺人號泣秦檜歌，九城謠諜徧網羅，扛棺摩拳擊鼓撾，檜相避不朝辭位，畏訶美使田貝驚，士氣則那索稿傳，遍鈔天下墨手磨，嗚呼！椎秦不成奈若何!?」慷慨悲歌有如此者，詩由康保延先生提供。

❼　同❸，頁477。

❽　同❸，頁478。

❾　康有為，〈物質救國論〉，載《康南海先生遺著彙刊》，冊15，頁30。

❿　參閱康有為，〈理財救國論（上）〉，載《不忍雜誌彙編》，卷3，頁7b–35b。

⓫　康有為嘗曰：「今者敵國之強弱勝負，不爭乎其兵，而爭乎其工藝器械」，見康有為，〈治械〉，載《萬木草堂遺稿》，頁114。

民國成立以後，康有為感到深憂的不僅是如其所預期，民權、
平等、自由均未與共和齊來，共和反被「千百暴民之魁」所竊居⓬，
而且是一意倣法歐美，有盡棄國粹之勢，而後者較前者尤為嚴重。
就此而言，康於五四激烈反傳統與全盤西化思潮，早已洞見其發展
勢頭及其危機。若國粹果然盡棄，則涉及「國魂」之存亡。康所謂
的國魂，並不是一個抽象名詞，實有具體的描述：

> 凡為國者，必有以自立也；其自立之道，自其政治、教化、
> 風俗深入其人民之心，化成其神思，融洽其肌膚，鑄冶其群
> 俗，久而固結，習而相忘，謂之國魂。⓭

康氏勾繪出一個國家，由於累積的歷史經驗，陶冶成特殊的文
化，潛移默化全體國人，久而形成共同的精神共識，凝聚整體，猶
如一個人身的魂魄，所以說「人失魂乎？非狂則死；國失魂乎？非
狂則亡，此立國之公理，未有能外之者也！」⓮然而民國初建之中國，
使他深感國魂之將亡，並預言「不及百年，吾四萬萬之人服歐衣、
食歐食、行歐禮、學歐學，然而為歐美之奴」⓯，故要存孔教，以
救國魂。顯然在他心目中，孔教乃是中國政治、教化、風俗之本，
乃是國粹中之國粹，可比之於猶太人的猶太教，「猶太人流離異國，

⓬ 見康有為，〈問吾四萬萬國民得民權平等自由乎?〉，載《不忍雜誌彙
編》，卷4，頁3a。

⓭ 見康有為，〈中國顛危誤在全法歐美而盡棄國粹說〉，載《不忍雜誌彙
編》，卷2，頁1a。

⓮ 同上。

⓯ 同上，頁15b。

猶保其教，至今二千年，教存而人種得以持存！」❶然則，康欲將孔教建成正式的宗教，具有強烈的文化危機感以及毫不掩飾的救亡意識。

　　類此危機感與意識透露了一種「歷史主義的看法」(historicist view)，或者一種文化多元論的觀點，亦即是任何一個文化，由於個別的歷史經驗，有其特殊性格，應該多元並存。這種看法顯然與康有為的「世界性觀點」(cosmopolitan view) 以及「普遍真理」(universal truth) 的信念並不搭調；因既然講大同，為何斤斤計較一國之特殊文化？其實，此一矛盾似是而實非。尋求中國之富強與奇望世界大同原來分屬不同的層次，而連接現今與未來之間更有漫長緩進的過程。現今的關切是危亡無日，故有強烈的國家和民族意識，非富強不足以與列強並存；大同絕非被某一種文化同化，而是世界的逐步混一，必然是未來的事。康氏對未來樂觀的期望，使他依然是文化一元論者，因多元論者拒絕文化的混一，堅持文化價值的多元性，以及各有千秋的價值是不能互比的，因而永遠應該是並存的，追求未來的理想國，如大同世界之類，無異猶如鏡花水月，永遠無法獲致的虛幻。這與康有為的思想本質與基本信念，顯屬南轅北轍。

　　於此也可見，康於民國成立以後力倡保國保教，乃是在特殊環境下的救亡之舉，是他思想中不同層次的運作。他雖有《大同書》手稿，卻力禁其出版，並不是改變主意，而是時機未至。他最關切的是國家的存亡，提倡孔教也必須從這一層來考慮。他明言「歐美今所以盛強，不徒在其政治，而有物質為之耶？歐美所以為人心風俗之本，則更有教化為之耶？政治、教化之與物質，如鼎之足峙而並立」❷，實已將提倡孔教，與政治的穩定和經濟建設，並立為國

---

❶　見❸，頁477。

家強盛的三大要素之一。他亦因而要求尊崇孔教為國教，一如歐美國家之尊崇基督教為國教 ⓲。這也是孔不僅不能廢，而且要更尊而崇之的原因。

於是康要建立孔教原無的教會，要使「各郡縣皆有孔會」，並「建立教籍，一律註冊，人收二毫」，更以傳孔教為己任，來激勵人心 ⓳。又說「今在內地欲治人心，定風俗，必宜徧立孔教會……各設講師」 ⓴。他完全以基督教教會作為模式來重建孔教，將之宗教化、組織化，所謂「講師」，就是比擬基督教傳教的牧師。

然而康有為建立孔教的努力，無疑十分失敗。他的挫折感是不言而喻的。孔教會雖於民元之秋（1912年10月）在上海發起，同年年底（12月23日）， 民國的教育部批准孔教會立案，翌年康被山東孔道會推為總會長，袁世凱並發出學校祀孔令，定孔子生日（陰曆八月二十七日）為「聖節」，並於1913年9月在曲阜舉行全國孔教大會，一致舉康有為做會長。地方官僚軍閥亦響應明定孔教為國教，於各地設立孔教分會 ㉑。但是這一切猶如曇花一現，隨即消逝。尊孔僅限於守舊人士，完全不能被大多數新一代的知識分子所認同，以孔教為國教更是難以企及的夢想。即使康想以尊孔來維護儒家，藉維護儒家以保存中國傳統文化的企圖，亦失敗得很慘，不僅「孔家店」成為打倒的對象，而且整個傳統文化在滾滾西潮的衝擊下，遭到鄙視與揚棄。

⓱　見❷，卷5，頁7a。

⓲　見康有為，〈以孔教為國教配天議〉，載《不忍雜誌彙編》，卷5，頁5b。

⓳　見《康有為與保皇會》，頁369-370。

⓴　見康有為，〈中華救國論〉，載《不忍雜誌彙編》，卷1，頁20a。

㉑　參閱《孔教會雜誌》，創刊號，「叢錄欄」；第8、9兩期「公牘」欄。

　　康有為建立孔教的挫折，問題出在那裡？細究起來，真是一籮筐。康氏的此一意圖，絕非如一般學者所說，代表他的保守、頑固、封建、頹唐等等。他於辛亥之後倡導孔教，為立國教以救國魂，正如他於戊戌之前宣傳孔子改制，欲以儒變法，都是為了致用。然而以儒為教的難度又遠遠超過以儒變法。

　　儒家思想於早期已趨向形而上學的理路，最多祇能說是一種「道德的宗教」。欲將道德的宗教轉化為純粹的宗教，本來就已不易，而康氏建立孔教的時空，使此一轉化更加不易。中國人性趨向實用，故文化傳統之中，以家族倫理為主的道德制度，最為發達，而最不發達的性理之學要等到佛教之輸入，才有所補救。然而即使佛教盛行，所盛行者主要是較為粗淺的大乘，佛教正宗的小乘則不傳❷。此一歷史背景，足見純粹宗教在中國文化傳統中之微弱情狀，正因其微弱，故寬容度甚高，任各教並行，不加束縛，蓋無關輕重故也。在此情狀之下，欲將孔教建成強勢的宗教，以與耶教抗衡，實在太缺乏文化資源，難成氣候。不僅此也，當康有為建立孔教之際，由於科技文明蓬勃發展，純粹宗教在世界各地都受到衝擊，而向理性、自覺、俗世傾斜。人類學家吉爾之(Clifford Geertz)指出，世界各地社會的嚴重失序，刺激了宗教的理性化；所謂理性化的宗教較為抽象而合乎邏輯❸。康有為在此大勢所趨下，欲將理性度極高的儒教，建立成神祕性較強的「傳統宗教」（韋伯語）式的孔教，豈非恰恰反其道而行，猶如逆水行舟，自然功倍而事半?!這也就是孔教不能植根於社會的真正原因。

---

❷　此基於陳寅恪之分析，可稱真知灼見，見吳學昭，《吳宓與陳寅恪》，頁12。

❸　見Geertz, *The Interpretation of Cultures*, pp. 172–173.

事實上，康氏本人也知道，宗教由「神道設教」到「人道設教」，乃文明進步之故，並以「各國不迷信，未若中國之早者也」❷❹而自豪。誠如蕭師公權所說，「康氏熱情暢論宗教，但他的宗教觀卻是世俗的。他看佛、耶二教的價值不在其精神與超脫之處，而在其社會或道德的有效力量」❷❺。既如是，則又何必多此一舉，設世俗的儒教為神道之孔教？豈非自己否定自己的努力？

與康有為在學術以及政見上迥異的章太炎，就抓住這一點，力駁康之建立孔教。他認為「中國素無國教」，並非缺點，因華夏之民，人思自尊，不以鬼神為真宰，不語神怪，恰恰是一優點❷❻。然而「今人猥見耶穌、路德之法，漸入域中，乃欲建樹孔教，以相抗衡，是猶素無創痍，無故灼以成瘢」❷❼。這一段話針對康有為，呼之欲出，不僅點破康立孔教之動機，而且嘲笑康，欲把好端端的皮膚，灼傷成疤瘢那樣無聊。

章氏更反對神化孔子，他完全否認儒教有純粹宗教的性格。讀書人崇拜孔子，正像木匠崇拜魯班，裁縫崇拜軒轅，胥吏崇拜蕭何，「各尊其師」，絕不是以「神祇靈鬼事之」。董仲舒神化孔子，與張道陵神化老子一樣，都不足為訓❷❽。康有為追蹤董仲舒的舊轍神化孔子，意在提升孔子為真正的教主，但在章太炎看來，恰恰降低了孔子的地位。他認為孔子之偉大與值得尊敬，「在制歷史、布文籍、振學術、平階級而已」❷❾。這些都是世俗之事，無關神祇鬼靈。所

❷❹ 同❷⓿，卷1，頁18b。
❷❺ 蕭公權著，汪榮祖譯，《康有為思想研究》，頁106。
❷❻ 見章太炎，〈駁建立孔教議〉，載《章太炎政論選集》，下冊，頁688–689。
❷❼ 同上，頁689。
❷❽ 同上，頁689–690。

以孔子在中國受到尊敬，因為他是一位保民開化的宗師，而不是教主。

　　章太炎曾有〈訂孔〉一文，與康有為的《偽經考》一樣，無意之間為後日批孔，發了先聲。康、章兩人於民國成立以後，雖都自覺地為維護中華文化而尊孔，然而他們尊孔之路卻是南轅北轍。就整個時代趨勢而言，章之強調孔子乃史家，要比康之提升孔子為教主，適切得多。總之，建立孔教既不得「天時」（宗教本身的吸引力），也不得「地利」（當時國內的有利條件），又不得「人和」（國人的接受度）。其挫折實屬必然。

---

❷❾　同上，頁690–691。

第八章　大同烏托邦的建構

　　回顧百餘年來的世界，追求理想國的烏托邦(utopia)思想，多如牛毛，五彩繽紛，奪人耳目。近代中國也不例外，無論搞溫和的改革，或激烈的革命，仁人志士中絕不乏嚮往大同之人。大同一詞出於〈禮運〉篇，成為中國傳統烏托邦思想的總稱或代稱；其實除了儒家之外，墨家的兼愛、老子的小國寡民、列子的華胥國、陶淵明的桃花源，以及無數小老百姓在造反時所標舉的平均主義，莫不是嚮往一個並不存在的幸福世界。康有為的大同思想，雖源出儒家，但其實質內容不僅與儒家的價值觀相左，而且挑戰整個中國文化傳統，此即梁啟超之所以將康之《大同書》比作火山噴火與地震❶，此亦即是康不願將《大同書》立即付梓的原因，直到民國以後始刊佈前三章於《不忍》雜誌。於此可見，康氏建構的大同思想並不是傳統大同思想的延續，而是突破傳統的超時代產品。他基本上建構了一個具有獨創性的烏托邦，吸納了傳統以及西方的影響，無疑在近代烏托邦思想界，佔有重要的一席之地。

　　所謂康之大同思想源出儒家，不僅康自謂「大同乃孔子之道」，而且與由公羊學而來的三世說密切相關，大同原本是三世進化的終點。三世是由文教未明的據亂世，到漸有文教的小康世，最後到文

---

❶　見梁啟超，《清代學術概論》，頁129。

教全備的大同世❷。換言之，大同乃是康氏三世說不可分割的一部分。三世之說既早已形成，《大同書》雖晚出，絕不能說明大同思想之晚出。其實，他早年所寫《實理公法全書》書稿，已明確展現了「世界化」的思想趨向，嚮往博愛、自由、平等，以及民主等，並據為未來理想國的思想信念，以及主張打破國界、種族、語言等特殊性的障礙，實已發《大同書》的先聲。康氏的詩句：「大同猶有道，吾欲度生民；廿年抱宏願，卅卷告成書」❸，亦自明大同之宏願，懷抱了二十年才完成。梁啟超更早已明言：

> 先生演禮運大同之義，始終其條理，折衷群聖立為教說，以拯濁世，二十年前略授口說於門弟子，辛丑壬寅間避地印度，乃著為成書，啟超屢乞付印，先生以今方為國競之世，未許也。❹

　　近人湯志鈞考定《大同書》成書，「應當在1901年、1902年」❺，辛丑不是1901年嗎？壬寅不是1902年嗎？湯不過是證實梁說而已。《大同書》雖不可能於1884年完成，卻也不能否認康於1884年已演大同之旨。

---

❷ 參閱康有為，《春秋董氏學》，卷2，頁2–3。

❸ 見康氏詩集收入《康南海先生遺著彙刊》，冊20，頁9。

❹ 見梁啟超手寫本《康南海詩集》，頁1b。另見《康南海先生遺著彙刊》，冊20，頁11。

❺ 見湯志鈞，《戊戌變法史論叢》，頁133。湯與李澤厚就《大同書》成書問題曾有辯難，但結論似亦不出梁說。湯後於《改良與革命的中國情懷》一書中，重申「《大同書》是康在1901年至1902年避居印度時所撰」（頁108–117），則完全與梁說一致。

　　湯志鈞又說，「大同思想是在帝國主義加緊侵略，中國民族危機日益嚴重的情況下，逐漸形成的」❻。這是一種奇怪的說法，因為在帝國主義侵略與民族危機的情況下，應該形成的是民族主義，怎麼會是反民族主義的大同思想呢？問題是大同乃康思想之一部分而非全部，而且康演大同之旨甚早，卻至晚年仍寄大同於未來。所以大同完全不能代表康應付其所處時代的思想，大同是康有為的超時代思想。他的時代思想始終是救亡思想、改革思想、物質救國思想。這些時代思想才是帝國主義侵略與民族危機情況下的產品。

　　具有充份世界化與普遍性的大同思想是否與民族主義和愛國思想不一致，甚至相互矛盾呢？超時代思想和時代思想若屬不同的層次，便無矛盾之可言。蕭公權即有兩層次說：

> 這種不相同的見解並非不一致，而僅僅顯示康氏如何在他一生中的不同階段，扮演兩種不同的任務；在儒家原則上形成一改制哲學，以及建立一超乎儒家的廣泛哲學體系。關於後者，他經常超越今文經的範疇，超越既存制度與價值觀。關於前者，他遵從既被接受的社會與道德價值，以及注視制度改革的理論基礎。《改制考》與《大同書》並不相互抵消，而代表思想的兩個層次。❼

　　然而張灝仍認為這種兩個層次說是不一致的，認為康於1890年之後已將變法與大同兩種關切「融合為一種和諧的道德─歷史世界觀」(integrated into one unified moral-historical world view)❽，在

---

❻　見湯志鈞，《改良與革命的中國情懷》，頁104。

❼　蕭公權，《康有為思想研究》，頁94。

此一普及而和諧的世界觀裡，他顯然低估了康思想中的深厚的民族主義，以及康基於民族主義對中國近代化的強烈企望。其實，不止1890年以後，1910年以後康在《不忍》雜誌上的文字，充份展現了強烈的民族感情與愛國思想，若謂：

> 僕於大地生於中國也，於是愛大地而親中國焉……凡與吾交親之大地中國，樂者吾樂之，憂者吾憂之，吾不能禁吾樂憂，而躬際中國之危難，於是不忍之心滂薄而相襲，觸處而怒發，不能自起焉。❾

不忍之心當然是全人類共有的，而且是放諸四海皆準的，但身處「帝國主義加緊侵略」的時代，「民族危機日益嚴重」的中國，康有為因中國之樂而樂，因中國之憂而憂，也甚自然。這也是康本人一再強調的所謂「時」，他明言「未至平世之時，而遽欲去君主，是爭亂相尋，至國種夷滅而已」❿。如果在帝國主義侵略的時代，而不講民族主義，豈不是「至國種夷滅而已」？ 故「古今異，宜日新其道，今世當用今法」⓫。在他心目中，今世當用之今法顯然是君主立憲，是實業救國；大同雖係大道，卻是絕非當用之今法。因為大同思想可以落實之前，須要許多先決條件，如去私、破國界等等。就破國界而言，直到康氏於1927年逝世時，仍是不可想像且遙遠的事，更無論1890年矣。此外，康有為對於思想應該與時代相應，

---

❽　Chang, *Chinese Intellectuals in Crisis*, p. 53.

❾　見〈不忍雜誌序〉，載《康南海先生遺著彙刊》，冊19，頁42。

❿　見上書，冊5，頁131。

⓫　同上書，頁72。

是既自覺又明確的，若謂「世野蠻必尚勇，世巧詐必尚智，兼之則
進矣，然不以仁為賢，而徒以勇智為賢，仍是亂世之風」⓬。唯有
當時代逐漸演進後，才能有更進一階的思想。他的三世說基本上是
一種「決定論」(determinism)，據亂、昇平、太平乃是一個漸進而
不可躐等或改變的必然過程，亦即他所謂「世有進化，仁有軌道」⓭
之意。軌道是不能越軌或出軌的，他雖以孔子於三千年前預知的聖
人自居，「發揮大同之新教，然必不能自外於昇平、太平之軌」⓮，
絕不能「以據亂說為昇平說，泥執之，則不能進化，而將退於野蠻，
又無以太平說為據亂，誤施之，則躐等而行，將至大亂」⓯。由此
更可知，康氏雖自認大同思想至善至美，而雅不欲公諸於世的理由，
因他深知至善至美的思想，不能在列國相爭，秣馬厲兵之世實行。
時未至而泥執之，必然會有妄議招亂的後果。至善至美的大同理想
國，只能是沈思於未來的烏托邦。

　　大同既非「現實」思想，實屬遙遠的理想，康生前又不欲刊佈，
民國以後始發表三章，然則「康有為早期的大同思想」，又如何「還
是起過積極作用的」呢？大同思想的「鋒芒」又何從「針對封建舊
制度」⓰呢？至於所謂康有為「晚期的大同思想」，近人如侯外廬與
湯志鈞等都認為是起了反民主、反革命的作用，甚至「腐蝕群眾的
民主主義意識」⓱。試問沒有流傳的思想又如何起任何作用？超現

⓬　同上書，冊9，頁16。又說：「時當亂世，則出其撥亂之法，時當昇平
　　則出其昇平之法，時當太平，則出其太平之法。」同上書，冊5，頁89。
⓭　同上書，冊5，頁112。
⓮　同上書，頁81。
⓯　同上書，頁207。
⓰　引文見湯志鈞，《康有為與戊戌變法》，頁106。
⓱　侯外廬，《中國近代哲學史》，頁204。湯志鈞，《康有為與戊戌變法》，

實的大同理想與現實政治（無論變法或革命），本是兩回事。把康之大同思想分為早期和晚期，以便說明早期進步，晚期落伍，乃空穴來風之談。康有為早年即演大同之旨，晚年成書，其間必然有增刪修訂，但就整體大同思想而言，絕不可能會有前後性質之異。

康有為認為大同乃孔子之大道，惟孔子生於據亂世，「而志則常在太平世，必進化至大同，乃孚素志」[18]。換言之，「其志雖在大同，而其事祇在小康」[19]。「搜得孔子舊方」的康有為，與孔子一樣雖生於據亂而志在大同[20]。祇因仍處列國競爭之世，不能遽行大同之治，遽行適足以釀亂，故祕之不願示人。然則康氏本人亦是志在大同，事在小康。他的「小康」之世之要務，不外救亡，不外物質救國。雖有志於大同，唯有待之未來。至於到大同之路，則有賴於三世演進的進程。不過，據亂、昇平、太平三世祇是人類文明演進的大指標或里程碑，自不必過於拘泥，即所謂「學者當貴知其意，不必泥其跡」[21]。康氏自謂「一世之中，條理萬千，乃成治法，如百川之紛流焉」[22]。他曾比君主獨裁之世為據亂世，君主立憲為昇平世，民主政體為太平世，然而民主的美國不過是「據亂之太平」世[23]，因為在他心目中，「每世之中又有三世焉」，以致於至「八十一世至無量不可算數，不可思議之世」，「以待世運之變」[24]。足見

頁140。

[18] 見《康南海先生遺著彙刊》，冊9，頁10。
[19] 同上書，頁19–20。
[20] 同上書，頁5。
[21] 康有為語見上書，冊5，頁245。
[22] 同上書，冊9，頁87。
[23] 同上書，頁86。
[24] 同上書，頁76, 79。

他的三世理論是一不斷進化的公式，甚至到達太平世，落實大同之治，還會繼續演進，不止於大同❷，嚮往與追求的是最完美的烏托邦世界。

大凡烏托邦思想，都寄望完美的制度於未來，幾莫不是針對現實痛苦的反應❷。康自稱發現孔子之大道，所謂「孔子哀生民之艱，拯斯人之溺」，而制作大同之意，而他本人則「哀今世之病，搜得孔子舊方」，發明之而公諸天下❷。實則他是託孔改制，猶如孔子之託古改制。他的大同烏托邦思想的內涵之富，遠出儒家或中國價值觀的藩籬之外。其所關切者，亦絕非止於中西文化及其融和，而是放眼全人類的禍福，欲建立一個全人類都感到滿足的理想世界。其思想規模之宏闊、想像力之大膽，足稱中國近代烏托邦思想家中之第一人，亦「足令他與其他國家的偉大烏托邦思想家並駕齊驅」❷。

十九世紀飽受帝國主義侵略的晚清士人主張大同，若意在期盼中國之再度一統天下，則大同思想何異於「我族中心思想」(ethno-centralism)？康有為的大同思想絕非「我族中心思想」，而是充分的「世界主義」(cosmopolitanism)。他早於1885至1887年間所撰《實理公法全書》一書中，已展示了明確的世界化傾向。他出自中國傳統，卻將傳統中國的道德規範無限止的世界化，將「仁」與「不忍」的關懷擴及人類全體，若謂「大地萬國之人類，皆吾同胞之異體

---

❷　如謂：「孔子之神聖為人道之進化，豈止大同而已哉」，見上書，頁4。

❷　見康有為，《大同書》，頁1–53。

❷　同❶，頁4–5。

❷　蕭公權語，見氏著《康有為思想研究》，頁411。蕭氏又說「他（康）的烏托邦構想極具想像力與挑戰性，他足列世界上偉大烏托邦思想家之林」，見頁451。

也」❷。他性尚樂利，驚羨近代西方的物質文明，在世界化的過程中將仁與樂合而為一，並將西方的科學引申為享樂主義，社會主義為人道主義，民主為平等主義❸，以普惠全世界、全人類。他「推惻隱之心以行吾仁」❹，以及胸懷宇宙人類的氣魄，最著見於大同思想。

　　康有為的三世大同之說既源自儒家，然後他不僅把孔子世界化，而且把孟子也世界化了。與《大同書》成書約略同時的四書注，主旨即在將儒家思想世界化。如他將《中庸》所謂「修道以仁」，解作「孔子以天地為仁，故博愛立三世之法，望大道之行，太平之世則大小遠近如一，山川草木昆蟲鳥獸，莫不一統大同之治，則天下為公」❺。這種「仁者無所不愛」的解釋，顯然是康氏刻意如此的，他認為前人祇將仁解作仁政，乃因自囿於據亂與小康的狹隘範疇內，以至於「自隘其道，非仁之至，亦非孔子之意也」❻。孟子的學說當然更加適合「世界化」的解釋，康著《孟子微》，雖偶用西方思想和史實作為闡述的例子，其主要目的並不在「對中西思想的調融」❼，而在呼應他已成書的大同思想。他認為在儒教之中，孟子最能發揮孔子的大同理念，亦即是三世之中太平世的理念。孟子講性善，若「人人皆性善，人人皆與堯舜同」❽。堯舜禪讓，選賢與能，乃太平大同之世的民主表現，唯有「人人皆性善」，而後可以

❷　見康有為，《大同書》，頁3。

❸　參閱蕭公權，《康有為思想研究》，頁415–416。

❹　見《南海康先生自編年譜》，頁12。

❺　見康有為，《中庸註》，收入《康南海先生遺著彙刊》，冊5，頁45。

❻　同上，頁45，46。

❼　黃俊傑，《孟學思想史論》，卷2，頁375。

❽　見康有為，《孟子微》，收入《康南海先生遺著彙刊》，冊5，頁106。

得之。康未嘗以堯舜為上古實有之賢君，而是孔子託古改制或創制之實例，所昭示者即大同的民主之制。孟子尤道仁，而孟子所道之仁，更是人道或文明進化至大同之源，更能體會孔子博大的用心，更能激勵人道與文明的進化❸。

康氏又借孟子所謂，「人皆有不忍之心」，大發「生人皆同胞」之意，然則人與人之間不應有厚薄，而應「均愛」，亦即是博愛兼平等，始能奠定大同的基礎。至於孟子說「民為貴」，在康看來，更是說明孟子擬立大同時代的民主之制，也就是當今法國、美國，以及瑞士所行的民主❸。如此詮釋孔孟，似乎越出孔孟的本意，然而康氏認為孔子制作，所見至遠，包攬甚廣，而「孟子之道一切出於孔子」，只因生於據亂小康之世，民智未開，爭亂相尋，不得不立綱紀，講究「君主之權、綱紀之役、男女之別、名分之限」，一旦進入大同，「人人不相侵犯，人人交相親愛」，則孔孟的傳統德目勢必隨據亂昇平之世而消逝❸。所以康之大同思想，從傳統儒家的觀點看，不啻洪水猛獸；然而康氏一再申言，據亂昇平絕不可行太平之制，所謂「據亂世、昇平世、太平世皆有時命運過，不能強制」❸。換言之，當大同之世未到之時，行大同之制固然過激招亂；若大同已至，則所謂過激的言行，乃勢所必然而變成應然。

康有為特別強調：孟子言平世不言治世、孟子陳太平之義、孟子說大同之制、孟子為平等大同之學、孟子明民主之義❹，在在發

---

❸　參閱上書，頁108、112、119、121。

❸　同上書，頁129。

❸　同上書，頁131、134、140。

❸　同上書，頁274。

❹　同上書，頁263、265、272。

孟子學說之蘊意，以響應其大同思想。既如此，《孟子》一書豈非
猶如《大同書》的附注？再度展示康氏「我注六經」的氣概！最明
顯的例子莫如康子曰利，孟子曰何必曰利，而康子竟能「曲人從我」，
說是利不必與仁義對立。他認為「利其利，何嘗不言利？」並引《易
經》所謂「利者義之和也」為說，而仁既為人利，「即能我利」。他
解釋說，孟子的真意乃是說不可以懷「利心」，因「利心」可以引
起爭奪，造成極度的不均不和。懷利心為亂世之必然，而孟子志在
人利我利，以及義得人和的大同世❹。孟子未必如康子所說志在大
同，值得注意的是康子作《孟子微》，意在重新詮釋孟子、突出孟
子闡發孔子垂法後世的大同理想，如「佛教之有龍樹，基督教之有
保羅」❷，以為其烏托邦建立思想基礎。

　　烏托邦思想莫不針對當代的苦難，作嚴厲的批判，康有為自不
例外。《大同書》的甲部就是暢述「入世界觀眾苦」，而作者對給與
人類苦難的時代之批判，不僅徹底，而且十分激烈。他總結一切苦
難的根源，「皆因九界」，而救苦之道，「即在破除九界」❸。

　　九界的第一界就是「國界」，因有國界，才會有國與國之間的
戰爭，才會有無窮盡的生靈塗炭之苦❹。二是「級界」，即社會階級
之分，尤其是賤族、奴隸、婦女，倍受人類不平等之苦❺。三是「種
界」，即各色人種之不同，造成種族間的強弱、智愚、美惡，難免
有種族間之歧視之苦❻。四是「形界」，乃男女之別，婦女雖「同為

---

❹ 同上書，頁195。

❷ 同上書，頁97。

❸ 見康有為，《大同書》，頁52–53。

❹ 同上，頁54。

❺ 同上，頁108。

人之形體，同為人之聰明」，卻處處受到壓制甚至迫害之苦❹。五是「家界」，明家庭給人類帶來的痛苦，婚姻制度本身就是一種束縛。家界之中的男女、長幼關係都是不平等的。中國的大家庭更是罪惡的淵藪，不僅憑添殘酷的人際鬥爭，無窮的麻煩與悲悽，而且因家庭之私而阻礙了社會共同利益的追求❹。六是「產界」，標出私有財產造成不均以及多數人的困苦，近代工業化之後更拉大貧富的差距，醞釀「業主相爭，將成國亂」，亦將是人類災禍的溫床❹。七是「亂界」，指一切「不平、不通、不同、不公之法」；八是「類界」，指「人與鳥、獸、蟲、魚之別」；九是「苦界」，「以苦生苦，傳種無窮無盡，不可思議」❺。最後三界雖然談得較少，卻是人類痛苦的大根源，能去此最後三界，才能「治太平」、「愛眾生」，以臻「極樂」的烏托邦境界。

　　康有為的九界幾乎歸納了全世界所有的制度和價值，如國家乃近代世界最根本的政治制度，家庭更不僅是傳統而且是近代的最根本的社會制度。破九界無異否定整個世界的傳統與近代，其抨擊現狀之徹底和激烈於此可見。如現狀崇拜民族英雄，將拿破崙、畢士麻克等視為雄才，但從大同烏托邦的觀點看，不過是好戰殃民的民賊❺。又如家庭制度，尤其在中國，一直是高度發達的倫理基礎，

---

❹　康氏本人即有種族歧視，若謂黑人之形狀，「鐵面銀牙，斜領若豬，直視若牛，滿胸長毛，手足深黑，蠢若羊豕，望之生畏」，見上書，頁118。

❹　同上書，頁126。

❹　同上書，參閱頁179–191。

❹　同上書，參閱頁235–237。

❺　同上書，見頁52。

❺　如《孟子微》有言：「拿破崙、畢士麻克之雄才，今所艷稱者，皆孟

然而在大同烏托邦裡，全無存在的必要和價值，事實上要整體摧毀中國以及世界的社會結構與倫理。再如去產界，則不僅僅是消除資本主義制度之剝削，而且是根本否定現有的資本主義制度之私有本質。不過，這種全盤否定現狀的烏托邦思想，絕不能反映他當時現實的態度和行事，而是寄望於未來的理想。他的現實態度仍然是尊重家庭價值，他的行事仍然要愛國救民，推進中國的現代化。這不能說是理想與現實之間的矛盾，而是他一再強調的，「時當亂世，則出其撥亂之法；時當昇平，則出其昇平之法；時當太平，則出其太平之法」❺❷。時未至太平，當然只好行撥亂或昇平之法了。

行太平之法，才是大同烏托邦的實踐。康有為的構想是大一統的世界國，其中全無親疏、種性、階級之別的社會，享受工業化樂利成果而無資本主義弊端的經濟，具有充份平等與自由的民主政治。在理想國裡，「人人以公為家，無復有私人心，公平無復有貪」；人人享受更多的遊樂，更廣大的園囿」❺❸；同享「居處之樂」、「舟車之樂」、「飲食之樂」、「衣服之樂」、「器用之樂」、「淨香之樂」、「沐浴之樂」、「醫視疾病之樂」，以至於「煉形神仙之樂」與「靈魂之樂」。理想國既成，則一切俗諦，包括耶教與儒學在內，都將消失，猶如病除而無所用藥，登岸而後捨筏，人間也就提升到仙境般的極樂世界❺❹。

子所謂民賊者也」，見《康南海先生遺著彙刊》，冊5，頁226。又謂：「及太平之世，人視劉、項之爭及亞力山大、成吉斯之長駕遠騖，若兩虎之猖猖爭齧，雄獅之吞食百獸而已，豈足為人道哉！」見上書，頁234。

❺❷ 見上書，頁89。

❺❸ 同上書，頁266。

❺❹ 參閱康有為，《大同書》，頁294–301。

　　完美的烏托邦又將如何來付諸實施呢？康氏言之甚詳，可見在他心目中，大同佳境絕非虛無飄渺、不可企及的理想國，而是可以逐步到達的理想國。如何到達呢？就政治層面而言，列國並存的局面勢必要走向大一統的世界政府。他雖言大併小，強滅弱，「適以為大同之先驅」❺❺，但大同絕非大國或強國之征服世界。他的企劃是經由和平以及民主的方式使國家合併，以逐步消除國界。關於這一點，他說得最具體的是：「今欲至大同，先自弭兵倡之，次以聯盟國緯之，繼以公議會導之，次第以赴，蓋有必至大同之一日焉。」❺❻ 必至之大同，並不是無政府，而是有一世界政府，下轄各度政府，各度政府下轄各農工自治政府❺❼。依然是三級政府，不過是將之世界化、國際化，故必須用萬國語等等，以便運作。於此亦可見烏托邦之探索者，也難於完全擺脫當代的價值觀。當然，在大同世界裡的三級政府，既然是「舉世界之人，公營全世界之事」❺❽，民主、平等、自由等原則得以徹底施行，而民族國家的威權與不公則完全消失。

　　至於大同的社會層面，就是「平階級」，也就是消除所有不平等的社會階級，絕不再有剝削與被剝削階級。殘酷的奴隸制度固須永絕，造成男女不平等的婚姻制度亦應取消，使女子免於敗俗惡習的痛苦，而與男性一樣受教育、享權利，在「法律上應許女子為獨

---

❺❺　同上書，頁70。他於釋孟子所謂定於一時，即謂「自小併至大，將來地球亦必合一，蓋物理積併之自然」，見❿，頁230。

❺❻　見《大同書》，頁70。

❺❼　康氏分全球為一百度，每一度設一「度政府」，「度政府」下又有農場、工場等之自治單位，參閱《大同書》，辛部第八章。

❺❽　見《大同書》，頁261。

立人之資格」❺⁹，然後男女雙方都享婚姻自由,「自行擇配」,「聽立
交好之約」❻⁰。換言之，若不再交好，即可解約，以免強迫在一起
的痛苦。傳統的婚姻制度廢止之後，父權家庭亦隨之消失，然後由
公家機構代替家庭,「公養之、公教之、公恤之」❻¹。然則，大同社
會顯然是一幅百分之百公平、公有、公享的圖象。

大同烏托邦的經濟亦因而無可避免是共產式的，也就是康氏自
謂的「均產」。 無論農工商，一切公有，沒有私產，所有經濟生活
和運作莫不由公家來管理與規劃。如農場由公管、公議，衣食住行
概行包辦；工廠亦如是，然由於工業化，工作時間銳減，有充份休
閒和享樂的時間；商業活動也由公有與公辦，統一定價、分配、批
發、轉送，價廉物美而無稅收之必要，人人享受樂利的生活❻²。

康有為重新規範人類的政治、社會、經濟生活之餘，尚嫌不足;
為了完全進入理想國的境界，他還要消除人種之異，庶幾免於種族
間的歧視和不平。他認為可以經由「遷地」、「雜婚」、「改食」、「沙
汰」四種方法，逐漸混合人種❻³。他的目的是要消除種見，然而有
意或無意之間卻流露出強烈歧視黑棕二色種族的時代觀❻⁴，其所謂
沙汰，亦即是經由混種來淘汰劣種，以達所有人類皆優生的最終目
標。

因而大同理想國中，罪惡盡棄，社會無瑕，人皆聖賢，可以刑

---

❺⁹ 同上書，頁162。

❻⁰ 同上書，頁164。

❻¹ 同上書，頁192。

❻² 參閱上書，頁249–252。

❻³ 參閱上書，頁116, 121-122。

❻⁴ 若謂:「棕色者，目光黯然，面色昧然，神疲氣繭，性懶心愚」，黑種
更等而下之，見上書，頁115、118。

措，何異天堂？然而天堂般的舒適與快樂，包括衣食住行在內，則有賴高度工業化的成果。康氏自亦難免對近代西方工業社會作出理想化以及批判性的反應，正與近代西方烏托邦建構者，感同身受。中西背景雖然有異，卻同感高度物質文明社會化以及民主化之必要，以冀得其利而無其害，亦因而不約而同嚮往烏托邦 **⑥**。

　　康氏大同雖是一「有效的烏托邦」**⑥**，《大同書》甚至是可資實施的指導綱領，但他卻故意祕不示人，不願刊佈，如門人梁啟超所謂乃師「自認〔大同〕為至善至美，然不願其實現，且竭全力以抗之遏之！」**⑥**事實上「不願其實現」，非不願也，因時機未到，但畢竟予人「空想」與「內在矛盾」「雙重色彩」的感覺 **⑥**。康氏作為烏托邦作者之謹慎，顯然有異於眾多近代作者，可說是「一個高貴的例外」**⑥**，更加例外的是，寄望於未來的大同烏托邦，必須是經由長期自然而然的和平演變而成，絕非強力推進而成。到大同之路須言「公理」，而不言「強力」，他顯然認為「物競天擇」、「優勝劣敗」的天演之理，並非大同之旨 **⑦**。然而天演論卻是啟發中國近代革命思潮的一個原動力，從近代革命派看來，康之烏托邦當然嚴重缺乏「戰鬥精神」、「否定飛躍的思想」**⑦**。

---

⑥　參見《康有為思想研究》，頁445–446。

⑥　蕭公權引曼敠福(Lewis Mumford) 之說，烏托邦有「逃避的」(utopia of escape)和「重建的」(utopia of reconstruction)兩種，後者為「有效」，而前者無異白日夢。參閱上書，頁388、451。

⑥　見梁啟超，《清代學術概論》，頁136。

⑥　見李澤厚，《中國近代思想史論》，頁142、146。

⑥　蕭師公權語，見《康有為思想研究》，頁448。

⑦　參閱**⑩**，頁219。

⑦　見**⑥**，頁145、146，李氏此等論點，可稱革命派之代言。林克光更作

　　然而具有充份「戰鬥精神」的烏托邦思想，往往需要用暴力來推翻既有秩序。這種革命手段勢必造成流血與破壞，正與烏托邦的理想背道而馳。若謂革命乃實施烏托邦必付的代價，則為了未來的快樂忍受眼前的痛苦是否值得，就會受到質疑：革命家是否為了一人的夢想，可以給別人製造夢魘❼❷？更何況革命往往在勝利之際達到高峰，隨即在革命旗幟下喪失理想，以至於以暴易暴反革命的開始❼❸。在理論上反暴力的暴力反動，根本使烏托邦理想無法實現。普波 (Karl Popper) 就曾明確地說過，任何用暴力來取代既有秩序，在道德上完全無法接受❼❹。若然，則革命非僅不能實現烏托邦，反而有礙。康有為一意反對革命，力圖避免革命，豈因缺乏「戰鬥精神」、思想不夠「飛躍」？他顯然看到大同烏托邦是逐步改良的目的地，絕不可能由革命暴力手段達成。

　　事實上，康有為大同烏托邦思想的氣魄，罕見其匹。許多西方的烏托邦欲建「樂土」(happy community)於一隅，而康氏既無意在處女地建造烏托邦，亦不僅僅轉變中國為烏托邦，而是要轉變全世界為烏托邦。他的《大同書》已規劃出世界政府等等。他顯然以為世界政府一旦成立，大同告成，即是「完美設想」(the vision of perfection) 的實現，友善、平等、喜悅、悠閒、富裕、和平、康樂

結論道：「《大同書》只能是一種空想社會主義，所設計的大同世界理想藍圖，只不過是海市蜃樓、空中樓閣式的空想，根本無法實現」，見氏著《革新派巨人康有為》，頁364。此類觀點，蕭公權早於1975年之英文論著中駁之，中譯見《康有為思想研究》，頁448–451。

❼❷　此意可參閱人類學家米氏之文，C. Margaret Mead, "Towards more Vivid Utopias," *Science*, 126 (1957), p. 958.

❼❸　此意可見之於Manes Sperber, *The Burned Bramble*, p. 116.

❼❹　參閱Karl Popper, *The Open Society and Its Enemies*, pp. 570–574.

生活的到來。因而完全沒有考慮到世界性的烏托邦是否真正可行。世界政府將是何等龐大的官僚機制？這機制又需要多少財力和威權來維持？而整個過程無疑牽涉到全球性社會生活的重組，這是何等巨大的工程？從《大同書》裡的設計可知，連許多種族以及人性的特徵都必須被剝奪。康有為雖然強調長期的和平演變，以及自下而上的逐步混合，但是混合世界上如此不同的種族和文化，是否完全可由和平的方式或手段達成？任何整體的計劃其實都可能是對許多個體的壓迫。而且整體計劃是否會按理想的原定計劃進行，尚是未定之天。說康有為空想，不如說他過於樂觀。

　　康氏也沒有考慮到，他的大同烏托邦果真實現，是否真正會帶來幸福的問題，因他是想當然是幸福的。但問題是：如他所描述的一元化大同社會，是否會是一灰色而無趣的單調社會？或如佛雷(Northrop Frye)所謂的「樂園牢」(prison-paradise)？康有為固然洞見近代科技及物質文明高度發展，可使人人分享美滿舒適的生活，但他沒有進一步考慮到物質環境滿足後的精神狀況。如果完全沒有痛苦，則人類在感覺上與一般動物何異？一律平等之後是否會變成單調的制式社會？安定是否會帶來僵滯？效率導致強迫性的常規？和諧會變成毫無生機？總之，烏托邦即使付諸實施，並不能真正令人滿足❼。康有為的「大同」，蕭師公權譯作"Great Community"，最得烏托邦之微意❼。若《大同書》中的設計果真一一實現，恐怕仍是雖然幸福，未必快樂的結果。

　　二十世紀產生過許許多多烏托邦的構想，多少反映出人們對現

❼　參閱Kateb, *Utopia and Its Enemies*, p. 231。
❼　蓋烏托邦原是一種communitarianism，故較確切；若譯作Great Unity或Great Harmony皆泛無指歸。

實的不滿，而思轉化痛苦的現實為美滿的明天。康有為的大同烏托邦無論在氣魄上、想像力上，以及以挑戰性而言，使「他足列世界上偉大烏托邦思想家之林」**⑰**。然而亦有人認為完美的烏托邦終究是海市蜃樓，不僅因為人類本身之不可能完美，而且人生原是多元趨向，衝突亦所不免。人之價值最終也是對立而非和諧，烏托邦憧憬多元而又彼此競爭的理念或文化，終能混合為一，無奈過於樂觀，甚至難以想像。康有為對科技的信念，可以美滿人生，逐漸減少社會衝突，以致於統籌寰宇，以今視之，亦太一廂情願。科技的日新月異更突出其雙刃劍的性格，既可造福人類，也可傷害人類，甚至可能成為康氏所謂「人生之苦」的另一苦！

康有為一如其他許多烏托邦思想家，深信人文界亦有社會發展的固定歷史法則，經由三世的不斷演進，達到大同之目的地。然而欲將自然界的「鐵律」(iron law)施之於人文界，祇是一種幻想，或如柏林(I. Berlin)所謂的，缺少「現實感」(The sense of reality)**⑱**。科學實驗室中，可以檢驗屢試不爽的定律，但人類社會的發展沒有鐵律可尋，封建社會不一定會變成資本社會；昇平世也不一定會進入大同世。烏托邦絕非人類必定達到的目的地。

康有為深具的樂利思想，使他驚羨西方近代資本主義文明。他早年訪問香港以及流亡時的周遊歐美列國，都給他留下深刻的印象，希望人人都能夠享受高度的物質文明。曾幾何時，蘇聯解體，令歐美的新保守主義者斷言歷史的終結，資本主義全球性的勝利，資本主義地球村也就成為一種信念。地球村豈不是另一種的烏托邦嗎？

---

⑰ 見蕭公權，《康有為思想研究》，頁451。

⑱ 柏林氏的最新文集即以「現實感」為書名，見 Berlin, *The Sense of Reality: Studies in Ideas and Their History.*

但是資本主義以及自由市場經濟的發展並非鐵律(iron law)，更非解決全人類問題的萬靈丹。世人面對的問題多如牛毛，有許多問題可能永遠無法獲得解決，如果一心盼望鴻鵠之將至，常常失望。烏托邦是否果真是無益的空想？

　　康有為的大同不出中西烏托邦思想的範疇，而能融合獨創，自成一家❼。他無疑是二十世紀一位偉大的烏托邦建構者，但他不能自外於其他烏托邦思想家對現實的不滿，以及對未來的過於樂觀。他的一元論思維與歷史命定論歸宿於未來的大同，然而以完美的大同世界可以解決人類一切的問題，顯然是不切實際的。雖不切實際，卻一直是二十世紀動亂中國最愛憧憬的美夢。

---

❼　蕭公權先生曾將康與中西烏托邦思想作過精闢的比較，見氏著《康有為思想研究》，頁465–474。蕭氏的結論是：康氏「可自稱為中國最偉大的烏托邦思想家，與西方傑出的烏托邦主義者匹敵」，見頁474。

第九章　天遊的旨趣

康氏《大同書》的結尾，有這樣的一段話：「大同之後，始為仙學，後為佛學，下智為仙學，上智為佛學。仙、佛之後則為天遊之學矣❶。」可見在康有為的心目中，大同是人世間的極致，是可以付諸實施的理想國，亦即是一種「有效的烏托邦」，而仙與佛則是大同世的「靈魂之樂」，則又是大同世之極致❷。所謂仙佛之後的天遊之學，則是超乎人間之外的「無邦」(Outopia)，或是一種「避世的烏托邦」(utopia of escape)❸，神遊於無何有之國，冥想天人，馳騁宇宙，遐思空靈。於此也可見，康有為思想空間之遼闊，至於漫無邊際之境地。

康之天遊設想，初見於1900年左右，似乎由積極入世進入消極出世的一個思想趨向。這固然與其後半生一再受到挫折有關，挫折了他想改造中國以及世界的宏願，把眼光投向現象世界之外，神思天遊。然而不僅如此，他深思遐想的性格，早具胸懷宇宙的氣魄；他又於大量譯書中獲得西方天文學知識，啟動了探索外太空浩瀚無垠的莫大興趣。換言之，天遊早已沈潛於其心中。

❶　見康有為，《大同書》，頁301。

❷　參閱上書，頁300–301。

❸　見Mumford, *The Story of Utopias*, p. 15.

　　天遊傾向逃避人世，顯然與康氏強烈的救世熱忱相違背。的確，他具有一壁嚮往「諸天世界多樂土」，另一壁又「不願天上作神仙」的矛盾心情❹。但是復辟失敗之後，入世之心銳減，矛盾亦隨之消失，不忍之心引發「願入地獄」的心腸亦大大減弱，遂可盡情作天遊之想。民國八年(1919)致日人犬養木堂函有謂:「僕尚有諸天一書，尤為非非之想，以視區區地球，藐爾不及滄海之一滴，不及山岳之一塵也。」❺尋於民國十年之夏築人天廬（又名一天山園）於杭州西湖，以便「吐吞日月南亭下，起滑煙嵐東海來」，可知「結廬人境心乃遠，呼吸通天開九關」，並於丘上造樓曰「天遊堂」，俯仰棲息其間，形同隱居，最後於民國十五年(1926)，康以六十九歲之齡，在上海愚園路設立天遊學院，講諸天書❻。

　　天遊使他感到宇宙之大，眾星之多，地球之小。地球上繁雜人事既微不足道，人間悲歡離合也無足輕重，即使餞女兒遠行，亦是「不似凡人傷別筵」❼。與天遊學院諸生，以望遠鏡夜觀天象，更有「逍遙乎諸天之上，翱翔乎寥廓之間，則將反視吾身、吾家、吾國、吾大地，是不啻泰山與蚤蝨也，奚足以攖吾心哉❽！」

　　知宇宙之廣大，覺地球之渺小，地球上的種種事物，豈作掛齒？此一心態，可有二層含意：其一、既不足掛齒，又何必費心？此顯然與其平生志趣以及思想內涵，南轅北轍。他於思慮上逸出地球以

---

❹ 詩言志，最能洞悉詩人的感情，見康有為，《康南海先生詩集》，卷7，頁72–73。

❺ 函見《康南海自編年譜（外二種）》，頁200。

❻ 見上書，頁203, 228。

❼ 參閱上書，頁216, 219–220。

❽ 見康氏門人唐修跋，載康有為，《諸天講》，頁237。

外，在感情上也從多彩多姿的紅塵，移向飄渺無垠的太空，如答門人張篁溪詩有句云：「銀河霧散星辰夜，綠酒人懷今古潮；華月明明光可掇，超觀各自上丹霄」❾，充份表露了他晚年遺世獨立、飄然物外的心境。其二、人間悲歡既不足掛齒，則歡固不足以言喜，悲亦不足以言哀。苟能若此，則可太上忘情。天遊足以忘憂，使他能以晚年一再挫折之餘，保持內心的快樂，自謂「吾一生在患難中，而以不憂不懼、欣喜歡樂為主」❿，即因能夠「日為天遊」之故。

天遊是一種「心遊物表，乘雲氣而駕飛龍」⓫的精神活動。這種精神活動不完全是幻想，如莊周之夢蝴蝶，而是相當程度上依賴西方天文學知識⓬。近代科學似乎落實了他心中的幻想，並為他撰寫《諸天書》提供了靈感與素材。

《諸天書》即《諸天講》，即使起草甚早⓭，直至晚年始成書，時康年已六十八歲⓮。此後始在上海天遊學院以及廣州、桂林等地講解諸天，書則於康身後才正式出版，祇能代表他晚年的思想和心境。

康有為之談天，洋溢著他對近代西方天文學的強烈興趣，使他

---

❾ 詩作於民國十五年(1926)八月，見❺，頁232。
❿ 見❺，頁219。
⓫ 語見康有為，《諸天講》，頁237。
⓬ 康編《日本書目志》列出有關天文書籍達十二種。
⓭ 康門伍莊誷：「南海先生講天書起草於二十八歲時」，見康有為，《諸天講》，頁1。
⓮ 自編年譜續編載：「(民國十三年)四月，外孫羅榮邦年十四，譯天文書，先君手錄金星、水星、火、木、土、天王、海月、中山海的長紙，喜其慧而好學，有遠志，以手稿賜之。翌年，《諸天講》著成，多得其力」，見❺，頁222。

立即覺察到由於「製器未精」（如沒有望遠鏡等儀器），中國古天文
學未嘗精到，「由今觀之，半明半昧，有若童子之言，不值一哂！」⑮
他認為近代西方天文學的兩大功臣是義大利人哥白尼，以及英國人
奈端（牛頓），若謂：「微哥白尼乎，安能知地之繞日乎？則吾茫昧
於父日祖天所自來，吾又安能通微合漠，盡破藩籬，而悟徹諸天乎！」
至於「英人奈端發明重力相引，遊星公轉互引，皆由吸拒力，自是
天文益易明而有所入焉」⑯。此乃康氏天文學的基礎，據此而談地
球、月亮、太陽、遊星（行星）、彗星、流星、銀河、恆星等等。
他對星球與星體的描述，大體反映十九世紀的水準；即按當時的水
準，康也難免有誤⑰，然並不奇怪，他原據譯書而來，轉手之際誤
解誤讀，必定難免。不過，重要的是康氏研究天文學的熱忱，其意
義在思想史，而不在科學史⑱。

值得注意的是，他據天文知識駁斥迷信，若謂彗星本是天體的
自然現象，因「近日，受其引力，種種變形，上如髮，下如尾」，然
而古代中國誤「以為妖」，以為不祥。祇因彗星偶現而怪詫，「反驚
妖災成大惑，嗟哉古人愚無識！」⑲他亦喜將他的天文知識浪漫化，
不時以極具想像力的詩歌張之。如斥彗星不祥之說之餘，竟歌頌彗
星，遺憾地球無一彗星，否則「光輝燦爛，過於明月照我河山」，「豈
不放大光明，絕無黑夜哉！」類此描述，且不論言過其實，即使「絕

---

⑮ 見康有為，《諸天講》，頁8。

⑯ 同上，頁13。

⑰ 見Hsiao, "K'ang Yu-wei's Excursion into Science," pp. 381–382.

⑱ 參閱上書，pp. 380、394。梁啟超亦曾有言：「諸天書多科學家言，而不盡為科學家言。」

⑲ 同⑮，頁77、79。

無黑夜」，豈是幸事？他雖知月球上熱度極高，黑夜又甚寒冷，月海久枯，但並不影響他對月亮的美感，如謂「清光照人，步月登山，泛舟遊湖，賞花聽泉，園林山水，皆賴月色……美哉月也」❷⓿。

　　康有為豐富的想像力更超越近代天文知識，認為「歐人測天，至霞雲天而極矣」❷①。霞雲天固已「蒼蒼無極亦可當，仰觀欷歔庶遊仙」❷②，但是他深信霞雲天之上，必定還有天，甚至有「無量天」，意即宇宙是無限的。然而天上之天又是什麼天呢？他說佛家所謂的二十五天、道家之十八天，還只是少數，「吾今推之為二百四十天，亦豈能盡哉？推至無盡，非筆墨心思所能盡也」❷③。其實那推而未盡的二百四十天，絕無科學的根據，但憑想像之能事，誠如康氏自謂：「弘大奇詭，不可思議。」❷④

　　更值得注意的是，康氏於天遊之餘，對地球的看法。他一生雖看飽苦難，閱盡興亡，仍認為人生於地球之上是件樂事。他讚賞山川之麗、花鳥走獸之美，並謂：「仰而望之，五色雲霞，舒卷麗空，萬里長風，扇和蕩通，震雷走霆，垂雨駕虹，天光瀉影，氣靄煙濛。日月並照以生萬彙育群蟲，既悅心而娛目，亦養體而舒中。吾人生於此地，不假外求，不須製造，而自在享受於無窮，豈非人生之至樂哉！」❷⑤無獨有偶，今之太空人乘太空船在外太空，俯而望之，一如康氏仰而望之的「五色雲霞，舒卷麗空」，而康氏未能想見的，

---

❷⓿　同上書，頁79、22。

❷①　同上書，頁148。

❷②　同上書，頁140。

❷③　同上書，頁148。

❷④　同上。

❷⑤　同上書，頁11。

在浩浩太陽系中，唯獨地球一枝獨秀，猶如黑暗中的一盞明燈，然則地球不僅僅較其他星球更適宜居住，根本是黑暗太空中的唯一樂土。

康有為之所以肯定地球為一樂土,固然源自他曾歷長城內外、江河上下，歎神州之壯麗；以及周遊歐美各國，親覩西方建築之堂皇，物質之富盛，亦來自他樂觀樂利的心態，堅信尋樂袪苦乃人生之目標。天遊之餘，更覺得地球乃宇宙間許許多多星球之一，猶如天上的一顆星星。人類既然生在地星之上，則如「天上之人」；人人既然都是天人，則應該「終日歡喜極樂」 ❷⑥。這種思維顯然亦來自他的樂觀樂利心態，也是他講諸天的動機之一，他要人知道,「吾人為天上之人」,「吾身在此地星之人間，吾心遊諸天之無量，陶陶然浩浩然」， 所以「吾之談天也，欲為吾同胞天人發聾振聵，俾人人自知為天上人」 ❷⑦。若然，則康有為晚年雖天遊於太虛樂境，未嘗沒有依然保持一點用世之心。

從救亡到天遊，無論在思想上或行動上，都是顯著的大轉變❷⑧，但是天遊的旨趣並非完全的出世或遁世。他雖想天遊作神仙，卻雅不欲捨世而獨樂，因而天遊最後也成為說教。天遊學院的學生不多，不滿二十人，講學時間也只有短短的幾年，但他卻以耶穌的門徒僅有十二人，而能「行其教、傳其道」。他也希望自己的門徒，「果能信吾言、傳吾道，若龍樹、若保羅者，則亦澤流於萬世矣」❷⑨，足見其不獨樂樂天遊之志。他在《諸天講》自序中，更直言其他的宗

❷⑥ 同上書，頁12。參閱頁1，康之自序。

❷⑦ 同上書，頁2-3。

❷⑧ 康氏思想二期說，詳閱蕭公權，《康有為思想研究》，頁158-159。

❷⑨ 見康同璧編，《南海康先生自編年譜續編》（油印本），頁146-147。

教雖哀世人欲振之，卻未必真正對症下藥，唯有他的天遊之教，才能達到人道之極樂❸，更可見其對天遊為教之自信。

康有為談天，自不能迴避天是否有天神、有主宰的問題。近代科學的天文知識使他不相信與天象有關的諸多迷信，如視彗星為災難等等，並斷言「古歐洲言天神亦多謬」❸。然而相對無垠的天體，有限的天文知識又使他無法否定上帝的存在。從天文學窺知廣大的宇宙，卻有太多不可思議而難以解開的奧祕，使他不再有年輕時，「舉頭天外望，無我這般人」❸的狂放，而傾向於「天下之物至不可測，吾人至渺小，吾人之知識至有限，豈能以肉身之所見聞，而盡天下之事理乎?」❸因而不能苟同奈端（牛頓）、達爾文等以科學來「搖撼」上帝的無神論；科學家們雖「能推有形之物質」，豈「能預推無形之事物乎?」❸換言之，科學並不能否定上帝之存在。他甚至肯定「上帝之必有」❸。

不過，康有為由天遊而來的有神論，並非真正表達宗教信仰，而借助哲學論證。他從譯書中獲致西方哲學家有神論的論證，並歸納為五類：

> 其一曰實有學者，由上帝之完全性以證上帝之實在；其二曰心理學者……人心中既有上帝之念，正上帝存在使之然也；

---

❸　參閱❶，頁2。

❸　見❶，頁167。

❸　康引陸象山詩句，見黃宗羲，《宋元學案》，卷58，頁1070。

❸　見❶，頁170。

❸　同上書，頁171。

❸　同上書，頁169。

> 其三曰宇宙學者，謂宇宙之存在必有原因，而原因則在上帝；
> 其四曰物理之神學者，謂世界者美術品也，其所以如此整齊，
> 必有造之者……其五曰道德者，人類之犧牲一己以利大群，
> 冥冥之中必有使之然者，是為上帝。❸

但是他認為這五種論證尚不能證實上帝的存在，他引徵康德的話說，上帝之是否存在是一種後天經驗的判斷；然而人類的經驗並不能決言有神或無神❸。其實康德明言：「用理性來思考神學的任何努力都是沒有結果的，而這些努力本身也都是無效的。」康德認為，唯一有可能性的「理性神學」必是由道德律所指導者❸。有趣的是，康有為既然否定科學可以作為無神論的根據，卻又誤以為康德以「理性」來判斷神學。事實上，他更以自己的「理性」來討論一神論和泛神論。他認為荷蘭哲學家史賓諾莎 (Baruch de Spinoza) 等人，以「神無往而不在，故謂泛神」，尚有不足；而傾向柏格森 (Henri Bergson) 之說，以為上帝原無本體，而自身亦在不斷變遷之中。他也要分析一神論，及其超於世界之外的造物主，則作為造物主的上帝又有本體，並提出一些難以回答的問題，如謂「宇宙出於上帝之創造，則創造自何時」等等❸。他顯然是以知性或理性的角度來討論超乎感性的問題，將屬於神靈的宗教議題當作哲學來分析了。

不過，從他的分析中可以窺知，他情願相信一個「不斷變化之神」，並藉神力超脫物界，「自由行動」，以達到天遊的樂境。他雖

---

❸ 同上書，頁168。
❸ 同上。
❸ 轉引自蕭公權，《康有為思想研究》，頁171，注200。
❸ 見⓯，頁169。

仍以理性來思考神祕，然而晚年的心身確已「放棄了儒家理性主義，而傾向柏格森的神祕主義」❹。

　　康有為當然無法從理性的哲學分析來證明「上帝之必有」；他祇有說各個宗教都信有神，中國古籍上亦多出現「上帝」字眼，甚至於訴諸靈驗諸事，如漢高祖「大澤夢龍」、漢光武「生而火光照室」等等，並說「各國預言家亦多見驗」❹，則又重蹈迷信之覆轍。他終究以「不可知」證有神。

　　康氏晚年放棄對宗教的懷疑，相信神之存在，無疑與天遊有密切的關係。他被浩瀚無垠的宇宙所懾服，感一己之渺小，於是相信必有主宰。他晚年的慊誠與早年的自信，恰成強烈的對比。他雖未皈依任何的宗教，自創的孔教亦無疾而終，但深信冥冥之中，確有超越有形世界的神明。在他心目中，這個神明並未被地球上各教主所真知，因「諸教主生於此微塵地球上，稱尊不過比眾生蠢蠢稍有智慧耳」❹。他將各個宗教都視為地球上的事物，而地球僅僅是「無量天之一微塵」❹，畢竟極為有限。他以孔子的話，「吾有知乎哉？無知也」作結❹，再度表達了天遊廣大宇宙奧祕的驚歎！

❹　語見蕭公權，《康有為思想研究》，頁174。

❹　見❺，頁170–171。

❹　同上書，頁186–187。

❹　同上書，頁186。

❹　同上書，頁187。

第十章　中國近代史上的康有為

康有為死在1927年的3月底，正當北伐軍節節勝利之際。他從上海移居青島，就是為了避革命軍之鋒，不意剛剛過了七十初度，遽然病故。

康氏之死顯得突然，卻無意中隨著一個時代而逝，影底河山已在逐步地改朝換代。蔣介石雖然沿襲中華民國的國號，旗歌皆改，體制亦異，號稱黨治，儼然已是第二共和。蔣政權成立二十年之後，又被毛澤東推翻，不僅旗歌改了，連國號也改了，更顯然是辛亥革命以來的第三共和。從遞續三個共和的視野來看康有為，他反對共和以及虛君共和的政治主張，已足令他成為負面的歷史人物。無論是國民黨或共產黨的官方觀點，都認定康有為是一反革命的反動分子。

在革命史觀的籠罩下，即使學院派的名學者蕭公權於1940年寫作《中國政治思想史》時，亦不免認為康有為反對革命，「貌似成理，而實多強辭奪理」， 並譴責康氏「背宗邦而忠於殊類，謬誤顯然」，又謂：「康氏以立憲為保皇之手段，故其號召者為假民權；託孔子以為變法之口實，故其所號召者乃假維新。」 直到後來看到大批有關康氏的原始資料，才擺脫革命史觀的陰影，對康氏有新的認識，所謂「假民權」、「假維新」，原來都是真的❶。

　　1949年以後的中國，除了革命史觀之外，還有馬列唯物史觀佔領史學陣地。在這種大氣候裡，康有為的標準定位是：他的哲學是唯心主義的；他的公羊三世說是一種庸俗的進化論；他的大同思想則是空想的社會主義❷。唯心與唯物乃哲學的兩種思維，而竟成為進步或保守，正確或錯誤的標籤。至於「庸俗」與「空想」等詞，更是主觀的形容詞。李澤厚為了提高對康之評價，必須先指出康氏整體的唯心哲學之中，「具有樸素的唯物論的立場」❸，因而起了進步作用。在以論帶史之下，對康有為哲學思想的解讀與評價，無可避免地會隨預設的觀點而起舞。

　　若據預設的立場來論人，康有為必定被認為是妄人。晚清守舊派斥責他「保中國不保大清」，「非聖亂法」，民國的進步派笑他妄想「君主復辟」、「反動頑固」。近年來中外學者仍有不少認定康氏的思想「矛盾」、「情結」，帶有「危機意識」，甚至是欺世盜名的「作偽者」❹。欲還康有為本來面目，必須要擺脫後人論史的偏見。

　　康有為確實具有哲學家的寬廣胸懷，懷抱宇宙，欲造福人類，

---

❶　閱蕭公權，《康有為思想研究》，弁言，頁(3)-(4)，序言，（七）。另參閱蕭公權，《問學諫往錄》，頁217。

❷　如閱任繼愈主編，《中國哲學史》，冊4，頁227-243。

❸　李澤厚，《中國近代思想史論》，頁120。另參閱頁117、118。李澤厚，《康有為譚嗣同思想研究》，頁67-101。

❹　參閱馮友蘭，〈康有為思想〉，頁127；錢穆，《中國近三百年學術史》，下冊，頁679-689。馮、錢觀點迥異，然對康之評價卻似異口同聲；Wakeman, *History and Will*, p. 115；黃彰健，《戊戌變法史研究》，力言康乃作偽者；王曉秋，〈戊戌維新期間康有為政治主張的再檢討〉，《社會科學研究》，期4，頁73-78；羅久蓉，〈康有為的歷史觀及其對時局與傳統的看法〉，期14，頁167-176。

可以說是一個博愛樂利的哲學家。但他絕不是一個象牙塔裡的哲人，而是要學以致用。他有二個大目標，一是希望中國之富強；二是希望大同烏托邦之實現❺。兩者的內涵有矛盾，但作為不同時期的希望，卻很一致：圖謀中國富強於現在，寄烏托邦之理想於未來，並不會起衝突。

他為了中國之富強，利用公羊三世說完成政體漸變的理論：由專制進化到君憲，再由君憲進化到民主。他認為這是一個不可躐等的過程，否則將導致混亂，遑論富強？正因如此，他一貫主張君憲。然而民主共和已於辛亥革命後成為事實，他仍然主張君憲或虛君共和，是否有點不切實際？但是康有為所見的既成事實，並無自由與民主可言，而是政治紊亂與社會失序。現實反而證明其政體漸進論之正確，因為由專制躐等到民主，才會有民初的亂象，具見於他所寫的〈嗚呼噫嘻吾不幸而言中〉一文中❻。更使他相信，歷史發展必須合乎公理與法則，才能於平穩中求進步。

公羊學是經今文學，因而康常被認定是近代今文學派的代表，甚至是「二千年前漢代王朝中熾熱的封建文化的經今古文之爭，居然在晚清死灰復燃」❼。其實，康有為在晚清搞今文別有用意。他既不盡依公羊典範，亦不全承今文家法，他唯取能合其經世致用者，為他的政治思想服務。所以康氏治經的真正目的，不在說經，而在救世。他明言：「竊哀今世之病，搜得孔子舊方，不揣愚妄，竊用發明，公諸天下，庶幾中國有瘳，而大地群生俱起乎！」❽他因而亦

---

❺　參閱Hsiao, *A Modern China and a New World.*

❻　收入湯志鈞編，《康有為政論選集》，下冊，頁1015–1017。

❼　李澤厚語，見氏著《中國近代思想史論》，頁387。

❽　見康有為，〈禮運注序〉，載《康南海先生遺著彙刊》，冊9，頁5。

無視漢、宋門戶，雖斥陸王為偽學，卻又旁採陸王之心學為其理論之依據，若以陽明「一體之仁」，演「不忍」之義，比附西方自由平等之理，耶穌兼愛之教，而歸宗於大同。於此可見，他原欲以經今文或宋學，來醫治中國的政治病，志趣顯然不在學術門戶的攻守。康有為可以被稱作儒者，實難以歸之任何宗派。他雖以今文自命，並不守學派上的藩籬。

康有為不是舊時代的殿軍，而是新時代的開創者。在中國近代思想史上，他是思想解放的一個先驅。他在西力的衝擊下，面對「三千年未有的變局」，承繼了道咸以來求變的決心。他不是清季要求革新的第一代人物，但無疑是對傳統思想打擊力最強之一人。他出身傳統，嫻諳經學，而能於傳統之中向傳統挑戰，不僅譴責二千餘年之君權，而且嚴詞抨擊不平等的宗法社會。他在堡壘之內攻堅，自然會導致整個堡壘的動搖，及其最後的崩潰。梁啟超謂康刮起「思想界之一大颶風」，即意指對傳統堡壘打擊力之兇猛。蕭公權對康解放傳統思想，有更明確的描述：

> 就康氏引發懷疑傳統而言，他確實導致儒學的式微。他對古文經與理學的攻擊，也可以說在文化上有破壞性，因而導致民國時代「文化的流失」。他甚至也可能為共產思想與體制之興，鋪了路。❾

康氏並非有意要儒學式微，更無意為共產思想與體制鋪路，祇因思想一旦解放，其發展絕非康氏本人所能控制。康氏刻意要動搖的是作為專制思想工具的正統派儒學，或理雅谷(James Legge)所謂

---

❾ 見Hsiao, *A Modern China and a New World*, p. 131.

的「帝國御用儒學」(imperial Confucianism)，以清除思想與制度革新的障礙。同時他要建立一個反專制、重進化、講仁道、主平等的「真儒學」。然而破易立難，他的真儒學難產而夭折，舊儒學則一蹶不振，搖搖欲墜。

康有為作為一個哲人而兼具事功，他平生最大的事功是參與戊戌變法。雖有翻案派懷疑康變法的誠意，或懷疑康於百日維新期間的角色，然皆屬一偏之見，具見本書第五章的論述。質言之，康氏變法的企圖是要建立一個富強的近代國家。他有近代國家在胸，所以他心目中的「國家」，不僅是朝廷而且是全中國。他愛國不止於愛朝廷，更要愛中國。他的晚清政敵指控他「保中國不保大清」，他無疑已將中國與大清一分為二，忠於中國甚於大清。但是他確信為了保中國而須保大清，因大清不保，君憲固難以實現，更易招亂，使中國或遭瓜分之禍。滿清被推翻之後，他甚至還想復辟，也不是愛大清甚於愛中國，而是有鑒於革命以來的紛擾，仍思以君憲或虛君共和以救之。他的愛國用心，因其錯綜複雜，反而模糊了他的國家認同，使他在中國近代史上，往往被視為是一個從進步到反動的人物。

康有為下一代的中國知識分子，就已開始譏嘲「南海聖人」的保守落伍。李大釗認為康「最少應生在百年以前」❿，胡適也認為康雖曾是「洪水猛獸」，但現在已是「老古董了」⓫。視康為老古董，實乃五四這一代人的普遍看法。但是五四時代的主將卻又不能不承認，曾經受到這個「老古董」的啟示。其實不僅僅啟示，在思想承襲上，多有痕跡可尋。例如陳獨秀所倡的「賽先生」（科學）與「德

❿　李大釗，《李大釗詩文選集》，頁139。

⓫　參閱《胡適文存》，冊4，頁1021–1034。

先生」（民主），似乎是新事物，實則早為康氏所重視。康氏所謂「物質救國」， 就是科學救國，因他早已洞悉「砲、艦、農、商之本，皆由工藝之精奇，皆由實用科學及專門業學為之」❷，深明近代西方物質文明的富強，根源於科學。所謂「康氏在陳獨秀前，已經認識到賽先生的重要」， 以及「康氏之崇仰培根與霍布士，與陳獨秀之膜拜賽先生，相距不遠」❸，豈不然哉!?

德先生對康有為而言，亦不陌生。他不僅率先評析中國傳統政治之弊端及其落後性，故必須作徹底的政治改革，而且最早認識到民主政治乃西方富強的基礎之一。他祇是堅持民主乃較高的模式，不能一蹴而幾，必須循序漸進。然則，就目標而言，康與陳獨秀也無異致，兩人都要結束幾千年的專制，只不過是邀「德先生」來華的時間和方式有所不同而已。

康有為也是中國近代學術開拓者之一。說他是舊學的殿軍，不如說他是新學的先驅。他的名著，諸如《新學偽經考》以及《孔子改制考》，雖可以算作政治之書，然亦為現代疑古之風，發了先聲。疑古大將顧頡剛自稱讀了康氏兩考之後，「產生了上古史靠不住的觀念」❹。豈不是震撼民國史壇的疑古派師承了康有為？康氏未必以此為榮，然而他所扮演的角色及其影響，卻成為不能湮沒的事實。

然而康氏被五四以後之新興學界視為頑固保守，亦非無故。康於民國成立之後，確由批判傳統轉而維護傳統。他早年批判傳統，意在改革與創新，並無意消滅傳統；若傳統被消滅，則改革與創新即無依託。但民國以後，特別是五四運動所激發的「極端反傳統主

---

❷　見康有為，〈物質救國論〉，載《康南海先生遺著彙刊》，冊15，頁20。

❸　語見Hsiao, *A Modern China and a New World*, p. 549.

❹　見顧頡剛，《古史辨》，冊1，自序，頁26。

義」，威脅到整個傳統之存在，實逼康不得不起而維護傳統。在新一代反傳統知識分子的眼裡，康自然被視為頑固的衛道人士。

中國近現代史上的革命風潮一波比一波高，革命成為一種高貴的情操，一種受到頂禮膜拜的價值觀。公然反革命的康有為自易被視為十惡不赦的反面人物，說他晚年「消沈」、「頹唐」，算是客氣的。但是康氏反革命的「政治罪行」，原非政治性的。他反革命，因革命打亂了文化發展的普遍規律。無論政體或社會的演進有一定的秩序，若不按秩序循序漸進，必然會失序顛覆❶。更何況革命的本質感性遠多於理性，「洶洶發憤之士」欲以激情救亡，雖能煽動感情，卻無從獲致「通達之深識」，救國適足以誤國❶。康當然更關切欲「盡棄中國之舊」的新一代知識分子，他們是思想上或文化上的革命家。依康之見，作為革命家的新學之徒，固於舊學「魯莽滅裂」，即所謂新學，於「歐美之學術、兵備、物質，道德則不知學、不能學、惟學其俗」❶。也就是說，新學之徒要以西學來替代舊學，但他們所知的西學實與國利民富無關的洋習慣，「如洋店西人之童崽之知識云爾！」❶然而康有為卻被當時的新學之徒，譏為「老古董」，譏為頑固保守。

其實康有為的思想趨向對傳統中國而言，是相當新的。他的中短程目標是要使中國成為一個富強的近代物質文明國家,比美西方，最後邁入合中西之殊的大同世界，完成他的長程目標。此種思路肯定文化或文明的發展，乃循單一直線循序而進，放諸四海而皆準，

❶　參閱《康南海先生遺著彙刊》，冊16，頁170。

❶　參閱上書，頁202–203。

❶　見康有為，《萬木草堂遺稿外編》，上冊，頁344。

❶　同上。

並無中西之分。換言之，高度發展的近代西方文明也就是全人類共同的道路，也是中國為求進步、求富強的必然途徑。此與五四新一代的知識分子或學者，在思路上並無二致。陳獨秀想要邀請來華的「德先生」與「賽先生」，固然沒有國籍，胡適認為東西文化的區別，在於所用器具的不同；西方進步即因能發明新工具，戰勝自然，而中國落後，即因抱殘守缺❶。器具或工具更無國籍或地域之分，誰先掌握，就是誰領先。先進或落後的工具只是程度上的不同，並無「國性」之異。類此都在說明，文明或文化的發展具有全人類的一致性與和諧性，人文的發展也就像物質的發展一樣，具有客觀性和普及性，基本上並無中西之別，只有古今新舊之異。僅此而言，康有為與五四「新學之徒」並無本質上的差異。

差異的是完成世界文明的手段。康雖胸有全世界的共同文明，但強調不可能在短期內獲致，必須要有一個長期發展的過程，否則不僅不能達到目的，而且可能招亂惹禍，所謂「相時而推施，並行而悖時」❷，才是正道。然而主張全盤西化的「新學之徒」，則主張立即將西方文明來取代中國文明，以便與進步的近代西方文明同化。舊學也就是中國傳統文化根本無保留的價值，可以棄若敝屣。而康有為則堅持，大同到來之前，傳統絕不應拋棄，而須以西方文明為模式，來重新鑄造中國傳統，如按基督教的成規建立孔教，如據西方憲政將中國自君主專政轉化為君主立憲，又如仿傚西方資本主義，配合傳統中的功利主義思想，大力發展工商，創造財富等等。總之，康有為堅持大同到來之前，傳統可以不斷地近代化，並可按西方模式鑄造，但五四「新學之徒」則認為傳統屬於過去，難與現代相契，

❶ 見《胡適選集》（雜文），頁17。

❷ 見《康南海先生遺著彙刊》，冊5，頁99。

反增近代化的障礙。他們認為傳統文化有其歷史上的位置，然已功成身退，不適用於現代，唯有以西代中，猶如以新汰舊❷。在他們眼中，意見相左的康有為也應被「汰舊」了。

1958年是康有為百歲冥誕，史家陳寅恪曾寫了一首〈南海世丈百歲生日獻詞〉：

> 此日欣能獻一尊，百年世局不須論。
> 看天北斗驚新象，記夢東京惜舊痕。
> 元祐黨家猶有種，平泉樹石已無根。
> 玉谿滿貯傷春淚，未肯明流且暗吞。❷

這首洋溢家國之思的七律，情見乎詞。陳寅恪的祖父寶箴、父親三立，皆於戊戌之前即參與新政，兩家有舊，可謂世交，故稱世丈，雖隔世回顧，仍不免惺惺相惜。然而敏銳的史學家如陳寅恪者，不可能不覺察到，康有為這一代人所開創的新象，早已被滔滔革命洪流所湮沒、所否定。即使有無限委曲，亦只有在暗中偷偷自傷。

陳寅恪1958年的傷春之淚，不敢明流，只有暗吞，象徵康有為在當時的負面形象，已成定論，而康氏漸進改革的思想與主張，似早已是「一個被放棄的選擇」❷。孰料曾幾何時，此一選擇原來並未真正地被放棄。中國經過數十年革命之後，經過「史無前例」的文化大革命之後，又回頭走改革開放的路，一再被譴責的資本主義，

---

❷　參閱陳序經，《中國文化的出路》。

❷　見《陳寅恪詩集》，頁107。

❷　借用黃克武的書名，《一個被放棄的選擇：梁啟超的調適思想》。所謂調適思想，即康梁所主張的漸進改革思想。

又重獲青睞。改革開放，物質救國，原是南海康有為聲嘶力竭的口號啊！

康有為年表

咸豐八年　戊午(1858)　一歲

　　二月初五（3月19日）誕生於廣東省，南海縣，銀塘鄉，敦仁里祖居。祖康贊修，道光舉人，父康達初，江西知縣。母勞氏。

咸豐十一年　辛酉(1861)　四歲

　　伯祖教讀，已略有知識，觀洋人鏡畫。

同治元年　壬戌(1862)　五歲

　　習誦唐詩。

同治二年　癸亥(1863)　六歲

　　從番禺簡鳳儀（侶琴）讀《大學》、《中庸》、《論語》、《朱註孝經》等儒家經典，並已擅屬對。

同治三年　甲子(1864)　七歲

　　續從簡先生學。

同治四年　乙丑(1865)　八歲

　　祖父康贊修授徒於廣府學宮孝弟祠，從學者約百人。歲暮從彝仲公學。始習作文。是年父叔等均侍祖館中，以趨翔庭訓為樂。記誦便捷，頗獲長輩嘉譽。

同治五年　丙寅(1866)　九歲

　　從侍祖父修南海縣志局中。從陳鶴僑受經，又從舉人梁健修（舜

門）聽講。是時叔祖康國器因平定浙閩兵事（太平軍殘部）有功，授閩臬（福建按察使），凱歸慶賀，多土木、遊宴、棋詠之樂。時從祖遊觀，始遊西樵，慕山林之勝。

同治六年　丁卯(1867)　十歲

祖父補連州訓導，年幼不能從，還鄉復從簡先生學，誦讀經書將畢。幼弟康有溥（廣仁）生於是年六月十三日（7月14日）。

同治七年　戊辰(1868)　十一歲

正月廿日（2月13日）父達初卒，遂從祖父於連州官舍，並受教導。始覽《綱鑑》、《大清會典》、《東華錄》、《明史》、《三國志》等書。是時詩文都能成篇，好學敏銳，讀書忘寢。又頻閱邸報，知朝廷事，因而有報效國家之志。

同治八年　己巳(1869)　十二歲

仍從祖父讀書於連州官舍。是時已歧嶷不群，賦詩得神童之譽。輒從祖父遊覽名勝，並談聖賢之學，先正之風，隱具大志。已習制藝文（八股），但不好之，亦不工。

同治九年　庚午(1870)　十三歲

七月，從祖調回廣州。旋從陳華生習八股文，冀求此業精進。然初返省城，目覩繁麗，偕友遨遊，不暇學。

同治十年　辛未(1871)　十四歲

還居西樵之銀塘鄉，從叔康達節學為文。叔祖康國器新築園林，建澹如樓及二萬卷書樓，於是讀書園中，縱觀說部、集部。是年始就童子試，不售。

同治十一年　壬申(1872)　十五歲

從楊學華（仁山）學，再試童子試不售，乃專督責磨練八股文，但性不好之。仍縱觀說部、集部、雜史。是年叔祖康國器自廣

西布政使還鄉，宗族宴遊極盛。

同治十二年　癸酉(1873)　十六歲

仍從楊先生學為文。尋返銀塘鄉，從張公輔（賚臣）學文。時祖父康贊修任羊城書院監院。仍好覽經說、史學、考據等書，始讀毛西河集，益吐棄八股，長輩責之，不得已稍從事八股。社學考試奪冠。

同治十三年　甲戌(1874)　十七歲

居鄉，時進城侍祖父。好為縱橫之文，常作詩唱和，又好摹仿古文，涉獵群書，始讀徐繼畬《瀛環志略》，初知萬國之故，地球之理。

光緒元年　乙亥(1875)　十八歲

侍祖居廣州，從呂拔湖學文。是時督責學八股文甚嚴，返鄉時始得披覽群書。

光緒二年　丙子(1876)　十九歲

應鄉試不售。始從同邑大儒朱次琦（九江）問學，大開眼界，遂自期聖賢，超乎俗世，謝絕科舉之文。晨昏勤讀宋儒書，以及經說、小學、史學、掌故、詞章等。知著書不難，益自得自信。又讀錢大昕（辛楣）全集、趙翼（甌北）《廿二史箚記》、顧炎武《日知錄》、王應麟《困學紀聞》，激動心思。又讀劉知幾《史通》，愛其文體。與朱門同學簡朝亮（竹居）、胡景堂(少愷)，上下議論，心中書卷，渙然融釋而又貫串。是年冬，與張雲珠（妙華）結婚。

光緒三年　丁丑(1877)　廿歲

在朱氏禮山草堂讀書。五月，祖父因連州水災遇難，哀毀踰恆。讀喪禮，因考三禮之學。

光緒四年　戊寅(1878)　廿一歲

續就學於朱氏禮山草堂，攻《周禮》、《爾雅》、《說文》、《水經》
等書，能背誦《楚辭》、《漢書》、《文選》、《杜詩》、《徐陵》、《庾
信文》。又因朱氏指點，注意范曄《後漢書》，古文不取桐城，
而上及周秦諸子。因讀子書，乃覺韓愈道術淺薄，朱氏笑責其
狂，同學駭其不遜。又捐書坐禪，遂覺頓悟，隨心哭笑，乃辭
學歸廬靜坐。

光緒五年　己卯(1879)　廿二歲

正月，入西樵山白雲洞，取其山水幽勝，講習佛道，與大自然
為侶，恣意遊思。識翰林院編修張鼎華（延秋），張氏盛稱康
文，由是訂交，因知京城風氣、人才，以及各種新書，得博中
原文獻之傳。既而又得李圭《西國近事彙編》等西書。是秋，
出山返鄉，居澹如樓。十一月，初遊香港，知西人法度之美，
益購閱西書，立下講求西學的基礎。

光緒六年　庚辰(1880)　廿三歲

居鄉授諸弟讀經，初治公羊學。

光緒七年　辛巳(1881)　廿四歲

閉戶勤讀於鄉園，長嘯獨歌。久坐讀書，臀起核刺，割之不效。
是春與陳慶笙論學。

光緒八年　壬午(1882)　廿五歲

朱九江卒，奔喪視葬。五月，入都應順天鄉試不第，初遊京師，
還遊揚州、鎮江。道經上海，益知西人治術有本，大購西書以
歸。十一月返家，盡釋故見。

光緒九年　癸未(1883)　廿六歲

研讀政典，購閱《萬國公報》，大攻西書，欲輯萬國文獻通考。

乃絕意試事，專精學問，妙悟精理，俛讀仰思。知裹足之謬，
堅不為己女裹足。又與鄰鄉區諤良同創不裹足會。

光緒十年　甲申(1884)　廿七歲

中法越南之役，粵城戒嚴，還鄉居澹如樓，讀佛典頗多，兼為
算學，涉獵西書，因物理而推演人事，引發救世之心。

光緒十一年　乙酉(1885)　廿八歲

以幾何著人類公理（即《實理公法全書》）。既而應張鼎華之召，
遊京師。將行時，忽頭痛大作，目不能視，以為將死，乃手定
大同之制。還居西樵山養疴，時張鼎華為福建鄉試考官，居煙
澹樓，過從極懂。

光緒十二年　丙戌(1886)　廿九歲

春夏居省城，五月返鄉。作《康子內外篇》、《教學通議》等書。
張之洞（香濤）欲以南海縣三湖書院，以及廣州學海堂，聘有
為掌教，因人言卻之。是年開始編《日本變政考》。

光緒十三年　丁亥(1887)　卅歲

春，居伍氏恆春園；三月，還居澹如樓；八、九月，遊香港；
十一月，遊七星岩。是年，續編《人類公理》、《康子內外篇》，
兼涉西學，推明太古史事，考孔子據亂、昇平、太平之理。

光緒十四年　戊子(1888)　卅一歲

居鄉讀佛典。五月，應張鼎華之召遊京師，不意張氏病重，遂
視其歿。應順天鄉試，不第。八月，謁明陵，單騎出居庸關，
登萬里長城，得詩數十章。九月，遊西山。留京時，感馬江敗
後，國勢日蹙，乃向著名公卿潘祖蔭、翁同龢、徐桐三人，書
陳大計。又發憤上萬言書，即上清帝第一書，主張變法，不得
上達。閒居米市胡同南海館，居室曰汗漫舫，聊讀碑、玩金石

為事，擬著一金石書，乃續包慎伯所著，撰《廣藝舟雙楫》一書。既不能談政事，乃復事經說，發古文經之偽，明今學之正。決定南歸，專意著述，大有救亡不得之恨。

光緒十五年　己丑(1889)　卅二歲

九月，出京，遊蘇、杭、金陵、廬山、鄱陽湖、黃鶴樓，而後返粵。

光緒十六年　庚寅(1890)　卅三歲

春，居徽州會館，既而移家廣州之雲衢書屋。會晤廖平，時廖氏《今古學考》、《闢劉篇》等已出。陳千秋、梁啟超、陳通甫等來見，聚徒講學，發孔子改制之意，仁道合群之原。

光緒十七年　辛卯(1891)　卅四歲

始開講堂於廣州長興里，著《長興學記》以為學規，與諸子日夕講業。七月，刻成《新學偽經考》。時朱一新（蓉生）講學廣雅書院，來訪辯難頗多。

光緒十八年　壬辰(1892)　卅五歲

移講堂於廣州衛邊街邝氏祠，來學者漸眾，用孔子紀年。是年赴惠州尚志堂書院執教，未果。選同學高才助編《孔子改制考》。又撰《孟子大義考》等書。教長女同薇編書。

光緒十九年　癸巳(1893)　卅六歲

仍講學於衛邊街。冬，遷草堂於廣州府學宮仰高祠，賃租十年，以為長久之計。始稱萬木草堂，以陳千秋與梁啟超為學長，白天講課，晚上編書。原絕意試事，然因長輩屬望相逼，再應鄉試，中式第八名。

光緒廿年　甲午(1894)　卅七歲

二月十二日（3月18日），偕梁啟超入京會試，初居國子監祭酒

盛昱（伯熙）家，既而移居三條胡同。五月六日（6月9日），下車時傷足，遂南歸。七月，給事中余聯沅（晉珊）劾康有為非聖無法，請焚《新學偽經考》，並禁止粵士從學。八月，遊羅浮山。十一月，遊桂林，講學四十日，著《桂學答問》。又開始著《春秋董氏學》。

光緒廿一年　乙未(1895)　卅八歲

二月十二日（3月8日），偕梁啟超、梁小山入京會試。二月廿四日（3月20日），聞高弟陳千秋病死，慟哭之。三月廿三日（4月17日），簽訂馬關條約，三月廿八日（4月22日），康、梁發動公車上書，要求拒和遷都，於四月初八（5月2日）向都察院投遞（即上清帝第二書），遭阻未上呈。四月初九，康有為進士及第，授工部主事。五月初六（5月29日），上清帝第三書。閏五月初八（6月30日），上清帝第四書。六月廿七日（8月27日），創《萬國公報》雙周刊，旋更名《中外紀聞》，梁啟超、汪大燮任主筆。九月，籌設北京強學會。九月十五日（11月1日），入江寧，遊說張之洞開上海強學會。十一月廿八日（1月12日），《強學報》創刊於上海。十二月初六（1月20日），御史楊崇伊奏參強學會，因而遭封閉。

光緒廿二年　丙申(1896)　卅九歲

續講學於萬木草堂，撰成《孔子改制考》、《春秋董氏學》，以徐勤（君勉）、王覺任（鏡如）為學長。七月初一（8月9日），弟子梁啟超主筆上海《時務報》。同月，偕幼弟廣仁遊羅浮。八月遊香港，十月到澳門，與何穗田創辦《知新報》。十二月重遊廣西，至陽溯。是年得日本書甚多，命長女同薇譯之。又撰《日本書目志》。

光緒廿三年　丁酉(1897)　四十歲

正月初十（2月11日）在桂林，與唐景崧（薇卿）、岑春煊（雲階），議開聖學會。六月，還粵講學，學者雲集。八月，納妾某氏。月杪，攜同薇至上海；九月遊西湖；十月返滬。欲移民巴西，未成。弟子徐勤等赴日本辦大同學校。十一月十二日（12月5日），德國強佔膠州，即赴京師上清帝第五書。同月十八日將歸，帝師翁同龢來留行，並在皇帝前力稱之。御史楊深秀來談，欲相奏薦。十二月十三日（1月5日），在京師南海會館創辦粵學會。又與文允焕等創辦經濟學會，遭阻遂寢。是冬，弟廣仁在上海大同譯書局，刻印《孔子改制考》、《春秋董氏學》，以及《日本書目志》。

光緒廿四年　戊戌(1898)　四一歲

正月初一（1月22日），德人壞山東即墨文廟。正月初三（1月25日），帝命王大臣約見，李鴻章、翁同龢、榮祿、廖壽恆、張蔭桓五人，相見於總署西花廳，待以賓禮，問變法之宜。時各省學會漸成。正月初八（1月29日），上清帝第六書，議設制度局。二月廿日（3月12日），進呈《俄彼得變政記》，上清帝第七書。二月廿七日（3月19日），至總署呈俄事疏。三月初三（3月24日）總署衙門代遞書摺多件。三月廿日（4月10日）赴總署呈遞《日本變政考》等書，以及條陳二件。同月廿三日（4月13日），總署再代遞新書三部、條陳二件。帝命另呈慈禧閱覽。同月廿七日（4月17日），開保國會於京師南橫街粵東會館。保浙會、保滇會、保川會等，紛於京師成立。閏三月十二日（5月2日），御史潘慶瀾劾保國會。閏三月十六日（5月6日），康門弟子麥孟華等領銜廣東舉人八百卅二名，請飭德國政府，

嚴辦滋擾孔廟之人。四月初十（5月29日），恭親王薨，上書翁同龢，促力行新政。同月廿三日（6月11日），光緒帝頒明定國是詔，決心變法維新。同月廿七日（6月15日），翁同龢開缺回籍，榮祿署理直隸總督；翌日，光緒帝於頤和園仁壽殿召見康有為、張元濟等，命康在總理衙門章京上行走。五月初一（6月19日），遞謝恩摺，並陳御門誓眾，統籌全局，並進呈《孔子改制考》。五月十五日（7月3日），光緒帝召見康門弟子梁啟超，命辦譯書局事務。同月廿日（7月8日），御史文悌奏參宋伯魯、楊深秀黨庇康有為，誣罔聖聽，帝斥之。同月廿二日，康上改書院為學校摺，帝納之。六月初一（7月19日），上條陳商務摺。六月八日（7月26日），帝命康有為督辦官報。同月十八日（8月5日），湖南巡撫陳寶箴請旨飭康將《孔子改制考》自行銷毀，以息爭端。同月廿六日（8月13日），上嘉惠士農工商摺，以及禁婦女裹足摺。七月初二（8月18日），由總署代遞開農學堂、地質局書。同月初五，總署傳旨，賞銀二千兩，為編書津貼之費。翌日，康責汪康年私改《時務報》為《昌言報》，帝命黃遵憲查辦。同月十三日（8月29日），上書謝編書銀兩，並請速籌全局。同月廿七日（9月12日），湖南舉人曾廉條陳，請殺康有為、梁啟超；譚嗣同、劉光第逐條簽駁。同月廿九日（9月14日），徐致靖等保舉康有為兄弟，為懋勤殿顧問。八月初二（9月17日），帝促康出京。初三，康命譚嗣同說袁世凱舉兵殺榮祿，禁錮太后。初四（9月19日），康訪李提摩太、伊藤博文，請勸太后，以救新政。是日，慈禧突回宮，帝遷居瀛臺。初五，康出城，取道天津南下。初六（9月21日），慈禧訓政，諭軍機大臣等，以康結黨營私，交刑部治罪。是日，於

南海館捕獲幼弟廣仁。初七（9月22日），嚴旨查拿康有為。初九（9月24日），康抵吳淞，始知政變。十二日（9月27日），英艦護送前往香港。十三日（9月28日），譚嗣同等六君子被斬於北京菜市口。是日，康仍於赴港途中。十四日（9月29日），抵港，清廷宣示康有為等罪案，一體嚴拿，極刑懲治。十六日（10月1日），毀康書版，抄沒康、梁家產。廿二日（10月7日），查封萬木草堂，焚書三百餘箱。廿四日（10月9日），日本政府歡迎康氏前往避難。九月初十（10月24日）午夜，抵神戶港，翌日往東京，與梁啟超會合。編自編年譜。十月廿二日（12月5日），清廷懸賞緝拿康有為、梁啟超、王照。

光緒廿五年　己亥(1899)　四二歲

春，由橫濱乘輪船赴加拿大，抵溫哥華。四月廿二日（5月31日）至倫敦，望英國助光緒帝復政，未果，旋返溫哥華。六月十三日（7月20日）於域多利(Victoria)，聯合華僑成立保皇會，英文名稱為「中華帝國維新會」(Chinese Empire Reform Association)。九月廿二日（10月26日），自加拿大至橫濱，旋赴香港。十一月十八日（12月20日），清廷命海疆各督撫嚴密緝拿康、梁，破格以賞，如能設法致死，亦從優給賞。

光緒廿六年　庚子(1900)　四三歲

正月初二（2月1日），康自香港抵新加坡，接受英方保護。正月十五日（2月14日），清廷懸賞十萬兩嚴拿康、梁，並嚴令銷毀康、梁著作。七月初一（7月26日），命唐才常在滬發起中國國會，設自立會，組自立軍，以備勤王。七月十五日（8月9日），赴檳榔嶼，住總督府。七月廿七日（8月22日），自立軍失敗，唐才常等人在武昌遇害。八月，書責張之洞背主事仇。

十月，馳書兩江總督劉坤一，請清君側、救聖主。

光緒廿七年　辛丑(1901)　四四歲

居檳榔嶼，撰《中庸注》、《孟子微》、《春秋筆削大義微言考》等書。十月廿七日（12月7日），漫遊印度。是年歲暮，定居印北大吉嶺，潛心著述。

光緒廿八年　壬寅(1902)　四五歲

正月初一（2月8日），弟子梁啟超在東京創辦《新民叢報》，宣揚君主立憲。是年，撰成《大同書》、《大學注》、《論語注》、《禮運注》等書。

光緒廿九年　癸卯(1903)　四六歲

三月，聞榮祿死，辭謝英國政府保護，離開印度，漫遊東南亞。九月，抵香港，撰成《官制議》。

光緒卅年　甲辰(1904)　四七歲

二月初六（3月22日），離港赴檳榔嶼。四月十二日（5月26日），啟行赴歐洲，周遊列國。九月廿六日（11月3日），自英返加拿大。居溫哥華，撰《歐洲十一國遊記》。

光緒卅一年　乙巳(1905)　四八歲

正月初九（2月12日），南遊美國，向華僑演說，作《物質救國論》。是年，遍訪美國各埠。十一月初三（11月29日），乘火車抵墨西哥。

光緒卅二年　丙午(1906)　四九歲

正月初二（1月26日），至墨國首都，五月十九日（6月29日），訪墨國總統於夏宮。是年夏，喜聞清廷預備立憲，後於紐約《中國維新報》發表改保皇會為國民憲政會文。是歲秋冬，再遊歐洲列國，於除夕日抵西班牙。撰《法國革命論》。

光緒卅三年　丁未(1907)　五〇歲

年初，續漫遊歐洲。二月初一（3月14日），偕女康同璧自英赴
紐約。

光緒卅四年　戊申(1908)　五一歲

二月，赴埃及，登金字塔。四月，遊德國，又至瑞典，旋赴東
歐攬勝。七月，取道至雅典，經地中海，泛印度洋東歸。八月，
訪佛跡於錫蘭。九月，返檳榔嶼。十月廿一日（11月14日），光
緒帝駕崩，泣血呼號，上攝政王書，請殺袁世凱，以報先帝之
仇。

宣統元年　己酉(1909)　五二歲

春，居檳榔嶼。二月，再遊埃及、耶路撒冷等地。夏秋間，再
訪西歐諸國。五月，自英赴美，至加拿大。七月，返檳榔嶼。
九月，再遊印度。歲暮，返檳城。

宣統二年　庚戌(1910)　五三歲

春，至新加坡。七月，自檳榔嶼移居新加坡。八月，曾赴港探
視母親。

宣統三年　辛亥(1911)　五四歲

四月，自新加坡赴香港。五月，重遊日本，與梁啟超會晤，《戊
戌奏稿》鉛印本在橫濱出版，並由上海廣智書局發行。八月十
九日（10月10日），武昌起義。撰〈救亡論〉、〈共和政體論〉，
主張虛君共和。

民國元年　壬子(1912)　五五歲

民國成立，清帝退位。二月，在日本神戶。四月，撰〈擬中華
民國國會代議院議員選舉法案〉。五月，撰〈中華救國論〉。八
月，撰〈孔教會序〉。是年冬，撰〈廢省論〉、〈大借債駁議〉

諸文。

民國二年　癸丑(1913)　五六歲

二月，創辦《不忍》雜誌，年出八期，由上海廣智書局發行。七月初八（8月9日），母勞氏病逝香港。十月十五日（11月12日），門人陳煥章等成立孔教會於上海。十月，赴港奔喪，拒袁世凱之召。十一月，葬母與弟於南海銀塘之後岡，事畢返港。

民國三年　甲寅(1914)　五七歲

二月，返南海營葬二姐逸紅。六月，抵滬，李提摩太設宴歡迎，到者唐紹儀等二百餘人，演講大同學說，旋租盛宣懷之辛家花園，定居上海。

民國四年　乙卯(1915)　五八歲

三月，自滬赴杭州遊覽。是年，袁世凱稱帝，與梁啟超等謀舉兵倒袁，並撰文批評廿一條。

民國五年　丙辰(1916)　五九歲

二月，電斥袁世凱。五月初六（6月6日），袁世凱病亡，電黎元洪召開正式國會。六月，赴杭州宣講孔教。八月，赴曲阜祭孔，並登泰山。九月初八（10月4日），發表尊孔演說於南京。

民國六年　丁巳(1917)　六〇歲

五月初九（6月27日），祕密抵京，參與張勳復辟。五月十三日（7月1日），宣統復辟，授徐世昌、康有為任弼德院正副院長。五月廿日（7月8日），復辟失敗，張勳通電辭職，康有為避入美國使館。美使派人護送返滬。續辦《不忍》，並輯《不幸而言中不聽則國亡》政論集。

民國七年　戊午(1918)　六一歲

常住上海，時赴杭州。七月八日（8月14日），通電全國，呼籲

南北停戰，儘速議和。

民國八年　己未(1919)　六二歲

三月，刊行《大同書》單行本。五四運動後二日（5月6日），發
〈請誅國賊救學生電〉。七月，電犬養毅，促日本歸還青島。
十月，移母與弟靈柩於江蘇金壇茅山積金峰下之青龍山。

民國九年　庚申(1920)　六三歲

三月，赴浙江，訪蘭亭，探禹穴。五月，開辦述農公司於江蘇
句容。

民國十年　辛酉(1921)　六四歲

是年，築瑩園別墅於上海楊樹浦，面臨吳淞江。又於愚園路建
遊存廬自宅。

民國十一年　王戌(1922)　六五歲

五月，赴曲阜，登泰山。五月廿一日（6月16日），夫人張雲珠
逝世於上海。六月，通電斥聯省自治，反對分裂。十月十三日
（12月1日），宣統大婚，於杭州一天園望闕叩賀。

民國十二年　癸亥(1923)　六六歲

二月，遊普陀。三月，赴洛陽祝吳佩孚五十壽。四月，至濟南，
登千佛山。五月，赴青島，登嶗山。旋設孔教會於濟南與青島。
六月，遊北戴河。九月，登華山，訪臨潼。九月廿七日（11月
5日），至西安，發表演講，並致祭於董仲舒祠。十月廿四日
（12月1日），遊咸陽周陵，並作演說。十二月初一（1月6日），
赴洛陽，遊嵩山。十二月十九日（1月24日），至武昌之洪山寺，
祭掃唐才常墓。十日後撰就〈唐烈士才常墓誌銘〉。十二月卅
日（2月4日），返抵滬寓。

民國十三年　甲子(1924)　六七歲

正月十五日（2月19日），住杭州西湖之一天園。三月，遊天台、雁蕩諸山。十月初九（11月5日），馮玉祥逐溥儀出宮，通電申斥挾兵搜宮。是年，營建青島住宅，命名為天遊園。

民國十四年　乙丑(1925)　六八歲

二月初一（2月23日），遜帝宣統避難於天津日本租界之張園，前往覲見。三月，住青島。五月，住杭州。六月，返青島避暑。九月，舉家回到上海。

民國十五年　丙寅(1926)　六九歲

二月，創辦天遊學院於上海遊存廬。三月，發致諸將帥電，請恢復皇室優待條例。八月，重遊北京，至菜市口，憑弔戊戌死難六君子。是年，《諸天講》成書。

民國十六年　丁卯(1927)　七〇歲

正月十三日（2月14日），赴天津向遜帝宣統祝壽，並於翌日上〈追述戊戌變法經過並向溥儀謝恩摺〉，以示尊崇。二月初五（3月8日），七十初度，溥儀賜壽。旋赴青島，於二月廿八日（3月31日），病逝福山路六號天遊堂。葬於自擇之青島李村象耳山墓地。

參考書目

（甲）中文之部（漢字拼音序）

陳序經《中國文化的出路》（臺北：牧童出版社，1977）。

陳寅恪《陳寅恪詩集》（北京：清華大學出版社，1993）。

陳占標〈《新學偽經考》初刊年月考〉，載《近代史研究》，49期（1989年1月），頁290–291。

陳　熾《庸書》，序，1896。

村田雄二郎〈康有為的日本研究及其特點〉，載《近代史研究》，73期（1993年1月），頁27–40。

丁文江（輯）《梁任公年譜長編初稿》，上下冊（臺北：世界書局，1972）。

董方奎〈君主立憲制與現代化——為康有為「保皇」一辯〉，載《戊戌後康梁維新派研究》，廣東康梁研究會編（廣州：廣州人民出版社，1994），頁22–32。

馮友蘭〈康有為的思想〉，載《中國近代思想史論文集》（上海：人民出版社，1985），頁110–127。

傅偉勳《從創造的詮釋到大乘佛教》（臺北：東大圖書出版公司，1980）。

── 《批判的繼承與創造的發展》（臺北：東大圖書出版公司，1986）。

顧頡剛《古史辨》，10冊（臺北影印本，1970）。

── 《走在歷史的路上：顧頡剛自述》（臺北：遠流出版社，1989）。

郭嵩燾《禮記質疑》（思賢講舍刊本，1890）。

《漢書》北京中華書局標點本二十五史版。

洪頤煊《讀書叢錄》（臺北：廣文書局，1997）。

胡平生《復辟運動史料》（臺北：正中書局，1992）。

胡　適《胡適文存》，卷四（上海：亞東書局，1935）。

── 《胡適選集》（雜文）（臺北：文星書局，1966）。

黃俊傑《孟學思想史論》，卷二（臺北：中央研究院中國文哲研究所籌備處，1997）。

── 〈從孟子微看康有為對中西思想的調融〉，載《近世中國經世思想研討會論文集》（臺北：中央研究院近代史研究所，1984），頁583–599。

黃克武《一個被放棄的選擇：梁啟超的調適思想》（臺北：中央研究院近代史研究所，1994）。

黃明同、吳熙釗主編《康有為早期遺稿述評》（廣州：中山大學出版社，1998）。

黃彰健《戊戌變法史研究》（臺北：中央研究院歷史語言研究所，1970）。

── 《康有為戊戌真奏議》（臺北：中央研究院歷史語言研究所，1974）。

── 〈拙著戊戌變法史研究的再檢討〉，載《中央研究院第二屆國際

漢學會議論文集》（臺北：中央研究院，1989），頁729–768。

黃宗羲《宋元學案》，宋元明清四朝學案本。

翦伯贊等編《戊戌變法》，四冊（上海：神州國光社，1954）。

《傑士上書彙錄》，一函，北京故宮博物院圖書館藏未刊本。

《康南海自編年譜（外二種）》（北京：中華書局，1992）。

康同璧（編）《南海康先生自編年譜續編》（油印本）（北京，1960）。

—— 《南海先生自編年譜補遺》（油印本）（北京，1958）。

康有為《不忍雜誌彙編》，線裝八冊（上海：鍊石齋群學社，1915）。

—— 《廣藝舟雙楫》（臺北：商務印書館，1965、1972）。

—— 《大同書》（臺北：世界書局，1958）。

—— 《南海先生口說》，吳熙釗、鄧中好校點（廣州：中山大學出版社，1985）。

—— 《南海先生詩集》，梁啟超手寫本（臺北：中華藝苑，1965）。

—— 《康南海先生遺著彙刊》，22冊，蔣貴麟主編（臺北：宏業書局，1976）。

—— 《康南海先生遊記彙編》，蔣貴麟主編（臺北：文史哲出版社，1979）。

—— 《康有為全集》，第一冊（上海：古籍出版社，1987）。

—— 《萬木草堂遺稿》，蔣貴麟輯（臺北：成文出版社，1978）。

—— 《萬木草堂遺稿外編》，上下冊，蔣貴麟輯（臺北：成文出版社，1978）。

—— 《萬木草堂遺稿外編續集》，蔣貴麟輯（臺北：成文出版社，1983）。

—— 《康有為與保皇會》（史料集）（上海：人民出版社，1982）。

—— 《諸天講》，康有為學術著作選（北京：中華書局，1990）。

──《康有為政論選集》，上下冊，湯志鈞編（北京：中華書局，1977）。

孔祥吉《康有為變法奏議研究》（遼寧：教育出版社，1988）。

──《戊戌維新運動初探》（長沙：湖南人民出版社，1988）。

──編著《救亡圖存的藍圖──康有為變法奏議輯證》（臺北：聯經出版事業公司，1998）

《孔教會雜誌》。

李大釗《李大釗詩文選集》（北京：人民出版社，1981）。

李三寶〈康子內外篇初步分析：康南海現存最早作品〉，載《清華學報》，11卷，1、2期合刊（1975年12月），頁213–244。

李澤厚《中國近代思想史論》（廣州：人民出版社，1979）。

──《康有為譚嗣同思想研究》（上海：人民出版社，1958）。

梁鼎芬《節庵先生遺詩六卷》，武昌廬氏慎始基齋刊印，二冊。

梁啟超〈公祭康南海先生文〉，載《萬木草堂遺稿外編》，上冊，頁788–790。

──《梁啟超論清學史兩種》（上海：復旦大學，1985）。

──《清代學術概論》（上海：商務印書館，1921）。

林克光《革新派巨人康有為》（北京：中國人民大學，1990）。

陸寶千〈民國初年康有為之孔教活動〉，載《中央研究院近代史研究所集刊》，12期（1983年6月），頁81–94。

羅久蓉〈康有為的歷史觀及其對時局與傳統的看法〉，載《中央研究院近代史研究所集刊》，14期（1985年6月），頁163–190。

馬洪林，《康有為大傳》（瀋陽：遼寧人民出版社，1988）。

《南海康先生自編年譜》，忠仁署油印本。

錢　穆《中國近三百年學術史》，下冊（臺北：商務印書館，1957）。

任繼愈（主編）《中國哲學史》，第四冊（北京：人民出版社，1979）。

《十三經直解》5冊（南昌：江西人民出版社，1993）。

宋　恕《宋恕集》，2冊（北京：中華書局，1991）。

蘇繼祖〈戊戌朝變記聞〉，收入翦伯贊等編，《戊戌變法》，第一冊，頁320–355。

蘇　輿《翼教叢編》（臺北：臺聯國風社重印本，1970）。

孫寶瑄《忘山廬日記》，上下冊（上海：古籍出版社，1983）。

譚嗣同《譚嗣同全集》（臺北：華世出版社，1977）。

湯志鈞《戊戌變法史》（北京：人民出版社，1984）。

湯志鈞《改良與革命的中國情懷——康有為與章太炎》（香港：商務印書館，1990）。

——《康有為與戊戌變法》（北京：中華書局，1984）。

——《康有為傳》（臺北：商務印書館，1997）。

汪榮祖《康章合論》（臺北：聯經出版事業公司，1988）。

——《晚清變法思想論叢》（臺北：聯經出版事業公司，1983）。

——〈戊戌變法失敗的思想因素〉，載《近代史研究》，13期（1982年7月），頁143--160。

王　栻《維新運動》（上海：人民出版社，1986）。

王曉秋〈戊戌維新期間康有為政治主張的再檢討〉，載《社會科學研究》，4期（1984年8月），頁73–78。

文廷式《純常子枝語》，線裝本（上海，1979）。

魏　源《魏源集》（北京：中華書局，1976）。

翁同龢《翁文恭公日記》（上海：商務印書館，1925）。

《戊戌變法檔案史料》，國家檔案局編（北京：國家檔案局，1958）。

吳學昭《吳宓與陳寅恪》（北京：清華大學，1992）。

吳　澤（編），《中國近代史學史論集》，上冊（上海：華東師範大學，1984）。

蕭公權《康有為思想研究》，汪榮祖譯（臺北：聯經出版事業公司，1988）。

——《問學諫往錄》（臺北：傳記文學社，1972）。

——《翁同龢與戊戌維新》，蕭公權先生全集之一（臺北：聯經出版事業公司，1983）。

楊天石〈康有為謀圍頤和園捕殺西太后確證〉，載《光明日報》（1985年9月4日），頁3。

章太炎〈清代學術之系統〉，載《師大月刊》，柴德賡主編，10期（1934年3月），頁156–163。

《章太炎全集》第5冊，章太炎全集編輯委員會主編（上海：人民出版社，1985）。

《章太炎政論選集》上下冊，湯志鈞編（北京：中華書局，1977）。

鍾賢培《康有為思想研究》（廣州：廣東高等教育出版社，1988）。

周桂鈿《董學探微》（北京：師範大學，1989）。

《周易今註今譯》（臺北：商務印書館，1974）。

朱維錚〈康有為與朱一新〉，載《中國文化》，卷5（1991年秋季號），頁37–45。

朱一新〈朱侍御答康長素書〉，載康有為，《萬木草堂遺稿外編》，下冊，頁797–805、811–814、823–827、832–834。

（乙）英文之部

Berlin, Isaiah, *The Age of Enlightenment* (New York: Mentor Book,

1956).

——, *Vico and Herder: Two Studies in the History of Ideas* (New York: Vintage Books, 1976).

——, *The Sense of Reality: Studies in Ideas and Their History* (New York: Farrar, Straus & Giroux, 1997).

Chang Hao, *Chinese Intellectuals in Crisis: Search for Order and Meaning* (Berkeley: University of California Press, 1987).

Gay, Peter, *The Enlightenment, an Interpretation: the Rise of Modern Paganism* (New York: Norton, 1966).

Geertz, Clifford, *The Interpretation of Culture* (New York: Basic Books, 1973).

Howard Richard C., "K'ang Yu-wei *(1858–1927)*: His Intellectual Background and Early Thoughts," in Arthur Wright & Denis Twittchett eds., *Confucian Personalities* (Stanford: Stanford University Press, 1962).

Hsiao, Kung-chuan, "K'ang Yu-wei's Excursion into Science: Lectures on the Heavens," in Lo Jung-pang ed., *K'ang Yu-wei: A Biography and a Symposium* (Tucson: University of Arizona Press, 1967), pp. 375–397.

——, *A Modern China and a New World: K'ang Yu-wei, Reformer and Utopian 1858–1927* (Seattle & London: University of Washington Press, 1975).

Kateb, George, *Utopia and Its Enemies* (New York: Schocken Books, 1963, 1972, 1976).

Kwong, Luke, *A Mosaic of the Hundred Days: Personalities,*

Politics and Ideas of 1898 (Cambridge, Mass.: Council on East Asian Studies, 1984).

Levenson, Joseph R., *Confucian China and Its Modern Fate* (Berkeley: University of California Press, 1968).

Mead, C. Margaret, "Towards more Vivid Utopias," *Science*, 126 (1957).

Mumford, Lewis, *The Story of Utopias* (New York: Boni & Liveright, 1922).

Needham, Joseph in Collaboration with Wang Ling, *Science and Technology in China*, vol.1 & 2 (Cambridge: Cambridge University Press, 1954).

Ng, On-cho, "Mid-Ch'ing New Text (Chin-wen) Classical and Its Han Provenance: the Dynamics of a Tradition of Idea," *East Asian History*, No. 8 (Dec. 1994), pp. 1–32.

Popper, Karl, *The Open Society and Its Enemies* (New Jersey: Princeton University Press, 1950).

Sperber, Manès, *The Burned Bramble*, transl. by Constantine Fitzgibbon (New York: Doubleday, 1951).

Wakeman, Frederick, *History and Will* (Berkeley: University of California Press, 1973).

Wong, Young-tsu, *Rejuvenating a Tradition: Reform and Revolution in Modern China* (New York: Peter Lang, 1990).

——, "Universalistic and Pluralistic Views of Human Culture: K'ang Yu-wei and Chang Ping-lin," *Papers on Far Eastern History*, 41 (March 1990), pp. 97–108.

——, "Revisionism Reconsidered: Kang You-wei and the Reform Movement of 1989," *Journal of Asian Studies*, vol. 51, No. 3 (Aug. 1992), pp. 513–544.

索 引

一　劃

一元思維　33, 34, 35, 36, 38, 39

二　劃

九界　126, 127

三　劃

大同　15, 18, 21, 25, 31, 32, 34, 36, 37, 39, 44, 47, 48, 86, 108, 111, 117, 118, 119, 120, 121, 122, 123, 124, 125, 126, 127, 128, 129, 130, 131, 132, 133, 134, 135, 137, 148, 149, 150, 153, 154

《大同書》　18, 32, 111, 117, 118, 119, 124, 126, 131, 132, 133, 137

《不忍》雜誌　117, 120

四　劃

仁　2, 29, 30, 34, 37, 67, 70, 99, 109, 117, 121, 123, 124, 125, 126, 150, 151

公羊三世　20, 44, 59, 107, 148, 149

天文學　137, 139, 140, 143

天遊　14, 137, 138, 139, 141, 142, 143, 144, 145

太平世　47, 48, 58, 86, 96, 101, 122, 123, 124, 125

孔子　7, 8, 9, 11, 13, 15, 23, 28, 41, 42, 44, 46, 47, 48, 52, 53, 54, 55, 56, 57, 58, 59, 60, 61, 64, 69, 75, 96, 100, 107, 108, 112, 113, 114, 115, 117, 121, 122, 123, 124, 125, 126, 145, 147, 149, 152

孔教　24, 25, 54, 61, 107, 108, 109, 110, 111, 112, 113, 114, 115, 145, 154

孔教會　107, 112

孔祥吉　83, 89

文廷式　54, 60, 65, 79

王莽　49

王韜　68

王闓運　43

《中庸》　124

《公羊傳》　42, 44, 45, 47, 50

《孔子改制考》　11, 41, 55, 60, 61, 64, 69, 75, 152

《日本變政考》　70, 71, 75, 83

《史記》　48, 50, 51

五　劃

世界主義　25, 108, 123

史賓諾莎(Baruch de Spinoza)　19, 144

戊戌變法　11, 12, 15, 60, 63, 64, 65, 66, 71, 73, 74, 75, 76, 78, 81,

82, 87, 89, 90, 91, 92, 98, 105, 107, 151

民族主義　4, 15, 25, 44, 108, 109, 119, 120

立憲派　95

《左傳》　42, 46, 48, 49, 50, 51

《戊戌奏稿》　63, 81, 82, 84

六　劃

伊藤博文　79

光緒皇帝　7, 11, 12, 59, 63, 65, 66, 67, 71, 72, 73, 88, 89, 91, 92

吉爾之(Clifford Geertz)　113

后黨　68, 69, 80

朱一新　51, 52

朱次琦（九江）　2

朱熹（朱子）　23

江南製造局　3, 19, 35

七　劃

佛雷(Northrop Frye)　133

何休　41, 46, 47, 107

君主立憲　13, 36, 48, 60, 76, 86, 92, 95, 99, 103, 105, 120, 122, 154

宋伯魯　71, 74, 76

宋恕　64, 65

宋翔鳳　42

我族中心思想　123

李大釗　151

李文孫(Joseph Levenson)　53

李文田　7, 9, 68

李澤厚　39, 148

李翰章　59, 65

李鴻章　10, 65, 69, 70, 79, 81

沈曾植（子培）　17

狄德羅(Denis Diderot)　20

八　劃

孟子　124, 125, 126

昇平世　47, 86, 122, 125, 134

林旭　11, 79

物質救國　38, 109, 119, 122, 152, 156

社會達爾文主義　98

《周禮》　21, 49, 52

《孟子微》　124, 126

九　劃

保皇會　12, 91, 92, 94, 105

帝黨　12, 68, 69, 72, 73, 95

柏林(Isaiah Berlin)　17

柏格森(Henri Bergson)　144

科學　19, 20, 21, 27, 32, 35, 36, 38, 39, 77, 124, 134, 139, 140, 141,
　　143, 144, 151, 152

耶穌　53, 54, 114, 142, 150

胡思敬　78

胡適　86, 151, 154

革命史觀　147, 148

《春秋》　42, 44, 45, 46, 47, 48, 52, 57

《春秋董氏學》　11, 41, 58, 69

十　劃

唐才常　12, 15, 93

孫寶瑄　50, 52, 65, 80

徐致靖　72, 74, 76, 79

徐桐　5, 9, 66

烏托邦(utopia)　117

神學　19, 144

奈端（牛頓）　140, 143

翁同龢　5, 10, 54, 60, 66, 67, 68, 70, 72, 73

袁世凱　11, 13, 79, 80, 88, 89, 102, 112

袁崇煥　108

十一劃

唯物史觀　148

康德(Immanuel Kant)　20

張之洞　9, 12, 60, 65, 69, 87, 93

張鼎華　3

張謇（季直）　64

張灝　21, 23, 25, 26, 31, 119

義和團（庚子事變） 92

梁啟超 6, 18, 24, 48, 51, 61, 65, 74, 79, 80, 85, 86, 87, 90, 94, 104, 107, 117, 118, 131, 150

梁鼎芬 6, 7, 65

殺祿圍園 80

理雅谷(James Legge) 150

畢永年 80

笛卡兒(René Descartes) 19

莊存與 42

郭嵩燾 23

郝沃(Richard Howard) 26

陳寅恪 155

陳獨秀 108, 151, 152, 154

陳寶箴 60

章太炎 43, 44, 65, 85, 114, 115

《國語》 48, 51

《康子內外篇》 18, 25, 30, 31

《強學報》 69

《教學通議》 18, 21, 22, 24, 25, 26, 31

十二劃

普波(Karl Popper) 132

湯志鈞 21, 118, 119, 121

進化論 44, 148

黃彰健 63, 71, 72, 74, 81, 82, 83, 84, 85, 87, 89

《傑士上書彙編》　75

《新學偽經考》　7, 11, 41, 48, 50, 51, 59, 64, 152

萊布尼茲(Gottfried W. Leibniz)　19

十三劃

慈禧　10, 11, 12, 59, 63, 68, 71, 72, 73, 78, 79, 80, 81, 83, 88, 89, 92, 93, 94, 95

楊崇伊　10, 65, 79

楊深秀　72, 74, 89

楊銳　11, 79

溥儀　13, 14, 86

萬木草堂　6, 7, 19, 41

經今文　23, 41, 42, 43, 45, 107, 149, 150

經古文　49

董仲舒（董子）　57, 58

《萬國公報》　3, 9

十四劃

廖平　15, 41, 42, 43

廖壽臣　70

榮祿　10, 11, 12, 65, 70, 80, 88

十五劃

劉光第　11, 79

劉坤一　12, 65, 87

劉逢祿　42, 52

劉歆　37, 38, 48, 49, 50, 51, 52, 56, 57, 59

虛君共和　13, 14, 99, 101, 102, 103, 104, 105, 147, 149, 151

樂園牢　133

潘祖蔭　5, 66

諸天講　139, 142

鄭觀應　68

黎元洪　102

《實理公法全書》　18, 19, 25, 28, 31, 32, 118, 123

《漢書》　50

《穀梁傳》　50

十六劃

據亂世　36, 47, 86, 117, 122, 125

蕭公權　31, 39, 42, 43, 69, 73, 88, 119, 147, 150

霍布士(Thomas Hobbes)　19

十七劃

戴望　43

十八劃

禮　2, 19, 20, 21, 22, 23, 24, 27, 29, 34, 42, 47, 49, 52, 56, 78, 100, 102, 103, 108, 110, 117, 118, 153

魏源　42

鄺兆江　63, 74, 81

十九劃

譚嗣同　8, 11, 65, 79, 80, 86, 87, 88

二十劃

嚴復　24

蘇繼祖　78

二十一劃

攝政王　13, 95

二十二劃

龔自珍　42

世界哲學家叢書（一）

書　　　　　名	作　　　者	出　版　狀　況
孔　　　　　子	韋　政　通	已　　出　　版
孟　　　　　子	黃　俊　傑	已　　出　　版
老　　　　　子	劉　笑　敢	已　　出　　版
莊　　　　　子	吳　光　明	已　　出　　版
墨　　　　　子	王　讚　源	已　　出　　版
韓　　　　　非	李　甦　平	排　　印　　中
淮　　南　　子	李　　　增	已　　出　　版
董　　仲　　舒	韋　政　通	已　　出　　版
揚　　　　　雄	陳　福　濱	已　　出　　版
王　　　　　充	林　麗　雪	已　　出　　版
王　　　　　弼	林　麗　真	已　　出　　版
郭　　　　　象	湯　一　介	排　　印　　中
阮　　　　　籍	辛　　　旗	已　　出　　版
劉　　　　　勰	劉　綱　紀	已　　出　　版
周　　敦　　頤	陳　郁　夫	已　　出　　版
張　　　　　載	黃　秀　璣	已　　出　　版
李　　　　　覯	謝　善　元	已　　出　　版
楊　　　　　簡	鄭　曉　江　貴 李　承	已　　出　　版
王　　安　　石	王　明　蓀	已　　出　　版
程顥、程頤	李　日　章	已　　出　　版
胡　　　　　宏	王　立　新	已　　出　　版
朱　　　　　熹	陳　榮　捷	已　　出　　版
陸　　象　　山	曾　春　海	已　　出　　版
王　　廷　　相	葛　榮　晉	已　　出　　版
王　　陽　　明	秦　家　懿	已　　出　　版

世界哲學家叢書 (二)

書　　　　　名	作　　者	出　版　狀　況
方　　以　　智	劉　君　燦	已　　出　　版
朱　　舜　　水	李　甦　平	已　　出　　版
戴　　　　　震	張　立　文	已　　出　　版
竺　　道　　生	陳　沛　然	已　　出　　版
慧　　　　　遠	區　結　成	已　　出　　版
僧　　　　　肇	李　潤　生	已　　出　　版
吉　　　　　藏	楊　惠　南	已　　出　　版
法　　　　　藏	方　立　天	已　　出　　版
惠　　　　　能	楊　惠　南	已　　出　　版
宗　　　　　密	冉　雲　華	已　　出　　版
永　明　延　壽	冉　雲　華	排　　印　　中
湛　　　　　然	賴　永　海	已　　出　　版
知　　　　　禮	釋　慧　岳	已　　出　　版
嚴　　　　　復	王　中　江	已　　出　　版
康　　有　　為	汪　榮　祖	已　　出　　版
章　　太　　炎	姜　義　華	已　　出　　版
熊　　十　　力	景　海　峰	已　　出　　版
梁　　漱　　溟	王　宗　昱	已　　出　　版
殷　　海　　光	章　　　清	已　　出　　版
金　　岳　　霖	胡　　　軍	已　　出　　版
張　　東　　蓀	張　耀　南	已　　出　　版
馮　　友　　蘭	殷　　　鼎	已　　出　　版
湯　　用　　彤	孫　尚　揚	已　　出　　版
賀　　　　　麟	張　學　智	已　　出　　版
商　　羯　　羅	江　亦　麗	已　　出　　版

世界哲學家叢書 (三)

書　　　　　名	作　　者	出　版　狀　況
辨　　　　　喜	馬　小　鶴	已　　出　　版
泰　戈　爾	宮　　　靜	已　　出　　版
奧羅賓多・高士	朱　明　忠	已　　出　　版
甘　　　　　地	馬　小　鶴	已　　出　　版
拉達克里希南	宮　　　靜	已　　出　　版
李　栗　谷	宋　錫　球	已　　出　　版
道　　　　　元	傅　偉　勳	已　　出　　版
山　鹿　素　行	劉　梅　琴	已　　出　　版
山　崎　闇　齋	岡田武彥	已　　出　　版
三　宅　尚　齋	海老田輝巳	已　　出　　版
貝　原　益　軒	岡田武彥	已　　出　　版
石　田　梅　岩	李　甦　平	已　　出　　版
楠　本　端　山	岡田武彥	已　　出　　版
吉　田　松　陰	山口宗之	已　　出　　版
柏　　拉　　圖	傅　佩　榮	已　　出　　版
亞里斯多德	曾　仰　如	已　　出　　版
伊　壁　鳩　魯	楊　　　適	已　　出　　版
柏　　羅　　丁	趙　敦　華	已　　出　　版
伊本・赫勒敦	馬　小　鶴	已　　出　　版
尼古拉・庫薩	李　秋　零	已　　出　　版
笛　　卡　　兒	孫　振　青	已　　出　　版
斯　賓　諾　莎	洪　漢　鼎	已　　出　　版
萊　布　尼　茨	陳　修　齋	已　　出　　版
托馬斯・霍布斯	余　麗　嫦	已　　出　　版
洛　　　　　克	謝　啓　武	已　　出　　版

世界哲學家叢書（四）

書　　　　　名	作　　者	出　版　狀　況
巴　　克　　萊	蔡　信　安	已　　出　　版
休　　　　　謨	李　瑞　全	已　　出　　版
托　馬　斯・銳　德	倪　培　民	已　　出　　版
伏　　爾　　泰	李　鳳　鳴	已　　出　　版
孟　德　斯　鳩	侯　鴻　勳	已　　出　　版
費　　希　　特	洪　漢　鼎	已　　出　　版
謝　　　　　林	鄧　安　慶	已　　出　　版
叔　　本　　華	鄧　安　慶	已　　出　　版
祁　　克　　果	陳　俊　輝	已　　出　　版
彭　　加　　勒	李　醒　民	已　　出　　版
馬　　　　　赫	李　醒　民	已　　出　　版
迪　　　　　昂	李　醒　民	已　　出　　版
恩　　格　　斯	李　步　樓	已　　出　　版
馬　　克　　思	洪　鐮　德	已　　出　　版
約　翰　彌　爾	張　明　貴	已　　出　　版
狄　　爾　　泰	張　旺　山	已　　出　　版
弗　洛　伊　德	陳　小　文	已　　出　　版
史　賓　格　勒	商　戈　令	已　　出　　版
雅　　斯　　培	黃　　　藿	已　　出　　版
胡　　塞　　爾	蔡　美　麗	已　　出　　版
馬　克　斯・謝　勒	江　日　新	已　　出　　版
海　　德　　格	項　退　結	已　　出　　版
高　　達　　美	嚴　　　平	已　　出　　版
哈　伯　馬　斯	李　英　明	已　　出　　版
榮　　　　　格	劉　耀　中	已　　出　　版

世界哲學家叢書（五）

書　　　　　名	作　　者	出　版　狀　況
皮　　亞　　傑	杜　麗　燕	已　　出　　版
索　洛　維　約　夫	徐　鳳　林	已　　出　　版
費　奧　多　洛　夫	徐　鳳　林	已　　出　　版
別　爾　嘉　耶　夫	雷　永　生	排　　印　　中
馬　　賽　　爾	陸　達　誠	已　　出　　版
布　拉　德　雷	張　家　龍	已　　出　　版
懷　　特　　海	陳　奎　德	已　　出　　版
愛　因　斯　坦	李　醒　民	已　　出　　版
皮　　爾　　遜	李　醒　民	排　　印　　中
玻　　　　爾	戈　　革	已　　出　　版
弗　　雷　　格	王　　路	已　　出　　版
石　　里　　克	韓　林　合	已　　出　　版
維　根　斯　坦	范　光　棣	已　　出　　版
艾　　耶　　爾	張　家　龍	已　　出　　版
奧　　斯　　丁	劉　福　增	已　　出　　版
史　　陶　　生	謝　仲　明	排　　印　　中
馮　·　賴　特	陳　　波	已　　出　　版
赫　　　　爾	孫　偉　平	排　　印　　中
魯　　一　　士	黃　秀　璣	已　　出　　版
詹　　姆　　士	朱　建　民	排　　印　　中
蒯　　　　因	陳　　波	已　　出　　版
庫　　　　恩	吳　以　義	已　　出　　版
史　蒂　文　森	孫　偉　平	已　　出　　版
洛　　爾　　斯	石　元　康	已　　出　　版
喬　姆　斯　基	韓　林　合	已　　出　　版

世界哲學家叢書 (六)

書　　　　　名	作　　者	出　版　狀　況
馬　克　弗　森	許　國　賢	已　　出　　版
尼　　布　　爾	卓　新　平	已　　出　　版